人はどう生きたらいいのか

志を継ぐ

松下政経塾元塾頭
上甲晃
joko akira

イエローハット創業者
鍵山秀三郎
kagiyama hidesaburo

致知出版社

まえがき

上甲 晃

「良き縁を大切にすれば、良き運が開く」

私が主宰する「青年塾」で、いつも塾生諸君に教える言葉の一つです。それは、私が七十四年の人生を通じて、実感している言葉でもあります。

私の人生観のほとんどすべては、自分で努力して考えたと言うよりは、人との出会いの中で気付き、目を醒まされたものです。しかも、その出会いの多くは、困った時、苦しい時、辛い時、即ち逆境にあった時です。人は、困った時ほど、素直な心になって求める気持ちが強いのでしょう。

鍵山秀三郎さんとの出会いもまた、私が困り切っていた時でした。

松下政経塾創設の頃、松下幸之助は、「天下の掃除をする前に、身の回りの掃除をしっかりやりなさい。身の回りの掃除もできない人に、天下の掃除はできない」と、塾生に教えました。しかし、受験競争を勝ち抜いてきた学歴エリートには、松下幸之助の教えを素直に受け入れられなかったようです。

「そんな雑用をしていたら、肝心の勉強ができない」という声までありました。力づくで、無理やり掃除を強制したこともあります。掃除をすることの意義を理屈で説明したこともあります。時には率先垂範《そっせんすいはん》もしました。しかし、何をしてもうまくいかないのです。挙句は、「最近の塾生は質が悪い」とこぼす始末でした。

そんなふうに困り切った時に、鍵山秀三郎さんに出会ったのです。困っていなければ、鍵山さんに会う機会が目の前にあっても、「忙しいから」と言って断っていたことでしょう。困り切っていたからこそ、どうしても会いたいと思ったのです。そして、指導する立場にある私自身が、実は分かっていなかったことに気付いたのです。

「平凡なことを非凡に努める」

そんな教えが何と心に響いたことでしょうか。色々と教えを受けるうちに、松下幸之助が求めている様々な課題に対する答えが、鍵山さんの教えの中にいっぱいあったのです。

それから三十年が経ちました。

「青年塾」を立ち上げた時には、自社の施設の利用、塾生の派遣、さらには掃除の指導、講話など、全面的に協力していただきました。おかげで、「青年塾」は、今年二十周年を迎えることができました。その二十年の節目に、鍵山さんの胸をもう一度借りるつもりで、対談に臨んだのです。本当は〝対談〟などと言うことさえ、おこがましい思いでした。〝胸を借りる〟と言ったほうがふさわしいのです。

「鍵山さんから学んだことを、次の世代を担う若い人たちに伝える」

それが私の役割だと自覚しています。

致知出版社の藤尾秀昭社長にも、私の思いに賛同していただいて、この本が発刊できました。

ありがたいことであります。

平成二十八年一月

志を継ぐ◉目次

第十四章　命をキーワードにした国づくりに取り組む

第十五章　真理は平凡の中にある

装幀――川上成夫
帯写真――村越　元
本文レイアウト――奈良有望

第一章

鍵山さんとの出会いから
すべてが始まった

初めて伺った時、外で一所懸命掃除をしている男性に「ローヤルはどこですか？」と尋ねたら、「すぐそこです」と言われて、「社長にお目にかかりたいのですが」と取り次ぎをお願いして「私が社長です」と返された時は本当にびっくりしました（上甲）。

掃除にどんな意味があるのか

上甲　早いもので、鍵山さんとのご縁に恵まれ、ご指導をいただくようになってもう三十年になります。私はいまでも、一番最初の出会いが非常に印象に残っているんです。

鍵山　あれは上甲さんが、松下政経塾でご活躍なさっていた頃でしたね。

上甲　松下電器産業（現・パナソニック）から松下政経塾に転勤を命じられて、試行錯誤しながら、新しい時代を創る政治家の育成に取り組んでいました。

松下政経塾は、日本の将来を憂えた松下幸之助が、新しい国家経営を推進していく指導者の育成を目指して立ち上げた私塾でした。

経営の神様と謳《うた》われた幸之助は、経営学の勉強をしても経営者にはなれない。経営学に精通するのと、実際に経営ができるということは別だというのが持論でしたので、松下政経塾でも常々、「君たちは政治学の勉強をしただけでは政治はできないよ。それよりも立派な政治家になるための大事な勉強は徹底したお掃除だ」と塾生に熱心に説いていました。

ところが残念ながら、塾に集まっている塾生というのは、偏差値教育で育ったいわゆる学歴エリートと呼ばれるような人ばかりなんですが、彼らにはお掃除が人生の大事な勉強ということがどうしても理解できないんですね。当初、彼らからよくこんな質問が挙がりました。

「掃除なんかやってどんな意味があるんですか。意義と効用をちゃんと説明してもらって、理解できたらやります」

私もいまだったらそんなことはしませんが、当時は掃除の意義を一所懸命理屈で説明しようとしましてね。夜を徹して説いて聞かせたこともありますが、やればやるほど反発が高まり、泥沼にはまっていく。物事を理屈で議論し始めると、簡単なことが、どんどん難しくなるのですね。なぜ掃除ひとつするのにこんなに闘わなければならんのか、というのが正直な気持ちでした。いまだったら、「分かってやろうとするな。やれば分かる」と教えられるのですが、当時の私にはそれが言えなかったのです。

そしてもう万策尽きて途方に暮れていた頃、たまたま、松下電器時代の部下の車に乗せてもらう機会がありましてね。いまでもハッキリ覚えているんですが、ちょうど長良川《ながらがわ》の土手の道を走っていた時でした。気の許せる相手だったものですから、日頃の悩みがつい口を突いて出てきましてね。

「松下幸之助さんが政経塾に来るたびに掃除をせいと言うけれども、塾生は理屈ばかりこねて誰も積極的に掃除をしようとしない。本当に困ったものだ」

と。するとその人は、

「私共のお取引先に面白い経営者がいらっしゃるんですけど、一度会ってみませんか」

と言うんです。お掃除にとても熱心な方だと聞いて、ぜひ会わせてほしいとお願いして紹介してもらったのが鍵山さんでした。

いまはイエローハットですけれども、当時はローヤルという社名で、東京の北千束《きたせんぞく》に本社がございましたね。初めてお伺いしたのが今から三十年ほど前でしたけれども、あの時の鍵山さんとの出会いが、私の人生を変える大きな転機になりました。

後に鍵山さんからもよく言われましたが、もし政経塾の塾生が最初から素直に掃除をしていたら、たぶん私は鍵山さんと出会うことはなかったでしょう。掃除に手こずったおかげで、鍵山さんに出会うことができました。そういう意味でも鍵山さんとは非常に深いご縁を感じているんです。

目標さえ定かなら方法は自ずから湧いてくる

鍵山　私が上甲さんとご縁をいただいたのは、松下政経塾に八期生の皆さんが在籍されていた頃でしたね。

上甲　ええ、前原誠司君や玄葉《げんば》光一郎君の頃です。彼らは鍵山さんに指導していただくようになってだいぶ掃除ができるようになったんですが、それ以前は本当にお恥ずかしい話ですけれども、大変苦労しました。

これは政経塾の塾生云々《うんぬん》というよりも、現代の教育の歪《ゆが》みに起因する問題でもありましてね。彼らには掃除も大事な勉強であることがどうしても理解できないんです。何しろそれまで親から、そんな暇があったら勉強しなさい、とさんざん言われて育ってきた人たちですから、彼らの頭の中には、掃除は雑用であり時間の無駄。勉強というのは難しい本を読んで知識を増やし、成績を上げることだという考えが染みついているんです。

いま思うと私は、そういう戦後の教育によって醸成《じょうせい》された思い込みと一所懸命闘っていたのではなかったかな、としみじみ思うんです。

鍵山　私が思うに、政経塾で掃除の大切さがなかなか理解されなかった理由は、おそらく塾生の方々の目標が小さかったからだと思うんです。早く国会議員になりたいとか、名声を得たいとか、その程度のことが目的だったのではないでしょうか。

本当は、国家をどうしようとか、社会をどうしようといった大きな目標をしっかり持つと、人間というのは自ずからどうしたらいいかということが分かってきますから、そこで掃除と言われればすぐに理解できたと思うんです。けれども、あまりにも掲げている目標が低い、小さいがために、そういう理解には至らなかったのだと思います。

上甲　理解不能の範囲なんですね。

鍵山　ですから私がよく若い人に言うのは、目標さえ定《さだ》かなら、手段、方法は自ずから湧いてくるということです。自分の中から湧いてきたら強いのですけれども、人に言われたからというのでは、とてもできないですね。特に頭のいい、知識の豊富な人は余計にできないでしょう。

上甲　松下幸之助は「天下の掃除をする前に身の回りの掃除をしなさい。身の回りの掃除もできない人間に、天下の掃除はできません」と繰り返し説いていました。それでも通じないんですよね。

いまでもハッキリ覚えているんですけれども、鍵山さんにご指導いただく前に在籍していた七期生が、松下幸之助の講話の時に「塾長、掃除をすることの意義について、もう一度教えてください」と質問しましてね。松下幸之助から、「七年たってこれでは、どうにもならんわ」と言われました。私はガーンと頭を打たれるようなショックを受けました。

これは単なる掃除だけの問題ではなく、現代の若い人の意識の持ち方とか、ものの考え方が深く関係していることを痛感したわけです。

そういう経緯があったものですから、私は藁《わら》をも摑《つか》む思いで鍵山さんのもとを訪ねたわけです。

指導する自分が一番分かっていなかった

上甲　鍵山さんの名はいまでこそ全国に響き渡っていますが、私が初めてお目にかかった頃は、まだ掃除の好きなちょっと変わった経営者という感じで周りから見られ、注目を集め始めていた頃だと思うんです。

　初めて伺った時、北千束の駅を出た所で一所懸命掃除をしている男性に「ローヤルはどこですか？」と尋ねたら、「すぐそこです」と言われて、「社長にお目にかかりたいのですが」と取り次ぎをお願いして「私が社長です」と返された時は本当にびっくりしました。あの時の驚きは、いまだに忘れられませんね（笑）。

　早速お掃除の実践を見学させていただいたんですが、何もかもが目から鱗《うろこ》でした。最も思い知らされたのは、なぜ政経塾の塾生が掃除をしないのか、その一番の理由は、指導する私が分かっていなかったからだということでした。分からないまま強制的にやらせるものですから、ますます反発されて、互いに対立関係になっていくということがよく理解できました。

　まさにあの時ですね。実社会で通用する本当の勉強とは何か、本当の努力とは何かということを教えられたのは。

　そして鍵山さんからいただいたお話のひと言、ひと言がさらに衝撃でした。その時にお渡しした政経塾の塾生募集のパンフレットに、塾生たちが掃除をしている写真を載せていました。鍵山さんはそれをじっとご覧になって、

「政経塾も掃除を大事にされることは素晴らしいことですが、これでは駄目です。人に言われて嫌々やっていることが明らかで、心がこもっていませんね」

と。胸に突き刺さるような強烈な言葉でした。形ばかり一所懸命取り繕おうとしていた自分の努力の浅はかさを痛切に思い知らされたわけですが、やはり人からやらされている掃除と、自らやろうとする掃除では全く違うんですね。

鍵山　それはもう、箒《ほうき》とちり取りを持った瞬間に、その人のすべてがそこに表れますからね。大切なことは、今自分がやっていることに意義を感じているかどうかです。

上甲　本当に分かってやっているかどうかですね。過去からの習慣や、単なる惰性でただやっているケースが圧倒的に多いわけですから。

鍵山　その後、上甲さんからご依頼をいただいて八期生の方々に掃除のご指導をさせていただきましたけれども、いまでも強く印象に残っていることは、掃除道具が実に粗雑に扱われていて、大事にされていなかったということです。皆さんがどのような意識で掃除に向き合っておられるのかが、そこにハッキリと表れていましたね。

もう一つ印象に残っているのが、掃除の実践に入る前に、塾生の皆さんの前でお話をさせていただいた時のことです。

「私は皆さんのような立派な学校を出ていませんから、これから黒板に書く字もいろいろ間違いがあるでしょうけれども、そこはどうかご勘弁いただいて、話の真意を汲み取ってください」というふうに念を押してお話をさせていただいたんです。
ところが、後から送られてきた感想文は、文字の間違いの指摘ばかりでしてね（笑）。皆さんが本質を摑もうとしないで、枝葉のことばかりに目を奪われていることがその一事にも表れていました。これは上甲さんもさぞかしご苦労なさっているに違いないと思いました。

上甲　鍵山さんに政経塾に来ていただくようになってからは、ありがたいことに塾生も少しずつ掃除ができるようになりました。それは実は、私自身が少しずつ掃除というものを理解できるようになってきたからに他ならないと思っています。
ですから私にとっては、とにかくあの時の鍵山さんとの出会いからすべてが始まったような気がするんです。

第二章

掃除を続けることで社員の心が変わっていった

創業時からしばらくの間は、いろいろな事情も重なって会社の人たちの心が荒んでいました。そこで私は社風を穏やかにするために掃除に取り組んだのです。それも徹底して行いました。来る日も来る日も続けているうちに、会社の雰囲気が激変したんです。それで私は確信しました。きれいにするということは偉大な力を持っていると。ですから人から何を言われようと、私は確信を持って掃除を続けてきたわけです（鍵山）。

人に愛され、運を開く極意

上甲　あの頃、鍵山さんから伺ったお話には、いまでも印象に残っているものがたくさんあります。
　昔はホテル代を節約するために、車の中に六日も七日も寝泊まりしながら各地に出張されていたそうですが、ある時、大雪でやむなく宿にお泊まりになったことがあると。あのお話もいまならすごく分かるんですけれども、当時の私にはこれまた青天《せいてん》の霹靂《へきれき》でした。
鍵山　あの時は、夜遅くに新潟から長野に入って野尻湖を抜けた所で大雪に見舞われましてね。いつもなら、そのまま車の中で寝泊まりするところなんですけども、もうどんどん雪が積もって、このままでは冷蔵庫の中で夜を過ごすようなことになると思ったものですから、警察に助けを求めて、夜の十二時頃に緑屋《みどりや》さんという旅館を紹介していただいたのです。
　当時の旅館は遅くとも八時頃までに入るのが常識で、十二時といったら旅館の人も既に寝ていておかしくないくらいの時間でした。それを夜中の十二時頃行ったわけですから、さすがに嫌な顔をされましたね（笑）。寝間着のまま出てきたご主人に連れていかれたのは、階段の下の布団部屋でしたよ。

上甲　それは大変でしたね。

鍵山　ところが、次に訪ねた時には普通の部屋に案内されて、その後も料金は一緒なのに行くたびに通される部屋がどんどんよくなって、最後は二階で庭が見える一番上等な床の間付きの部屋に案内してくださったのです。

なぜそうしてくださったのか、理由は聞きませんでしたけれども、思い当たることといえば、私が泊まった時にはいつもきちんと靴を揃えて旅館に上がり、朝は布団をきれいに畳み、食後はお膳をきちっと揃えて廊下に出しておくなど、なるべく旅館の方の手を煩《わずら》わせないように心がけていたことです。たったそれだけのことだと思うんですが、おそらくそれで旅館のご主人と女将《おかみ》さんの私に対する扱いが、行くたびに変わっていったのではないかと思うのです。

上甲　松下幸之助は、松下政経塾の塾生を採用する時、運と愛嬌というのを重視していたんですが、私ははじめはそのことがあまり理解できなかったんです。それで、どうしたら運が開けるか、どうしたら愛嬌のある人間になれるかと、自分なりにいろいろ考えていたわけですが、いまの鍵山さんのお話を伺って、なるほどと。一つ答えをいただいた気がしたものです。

どこかの神社やお寺にお参りに行ったからといって運が開けるわけじゃない。それよりも、日常の行動の一つひとつに少しでも他人を思いやる実践ができていれば、自ずと人に愛されるし、人に愛されることによって運も開けていく。まさにそういうところに運と愛嬌の原点があるということを教えられました。

鍵山　もう一つご紹介すると、堺のオーツタイヤという会社に社員が工場見学でお世話になったことがあります。二度目に伺った時、悪天候で旅館に入るのが九時ぐらいになってしまったので、「お風呂に入る前に、食事をすませますから」とお伝えしたのです。食器を片づけてくださる旅館の方に少しでもご迷惑にならないようにと思ったわけですが、旅館の方は「どうぞ先にお風呂に入ってください。そんなに汗をかかれたままでは、食事をしても美味しくないでしょう」と言ってくださったのです。

おそらく最初に泊まった時に、うちの社員が使った布団をきちんと畳むなど、部屋をきれいに使ったことで、先方がよい印象を持ってくださっていたのでしょう。その後も、お世話になる時にはいつも、「何時に入っていただいてもかまいませんから」

と言ってくださるんです。

　そういう体験一つを取ってみても、相手のことを思いやれば、必ず相手も分かってくれるものだと私はつくづく思うのです。

上甲　私がいま、若い人々の人格を磨き、人間的魅力を養うことを願って運営している青年塾は、この頃やっとそういうことをカリキュラムの中心に据えることができるようになりました。そうすると、理屈で教えた政経塾の頃とは違って、塾生たちも実感をもって理解できるんです。研修先で食べた後きちんと片づけておくと、行くたびに何となく向こうの人の愛想もいいし、余分にサービスもしてくれる。なるほどな、と。そういう教え方をしないと、知識だけをどんなに教えても本当の理解は得られないのですね。

鍵山　まさしくおっしゃるとおりです。

　坂本龍馬はたくさんいい言葉を残していますけれども、知識を詰め込んで頭の中に持っているだけでは、息を吸っただけで吐かないのと同じだということも言っています。まさにいまの日本人は、息を吸うばかりで、吐き出そうとしない。そこに問題があると私は思います。

上甲　先日、青年塾のサマーセミナーを愛知県で行いまして、その時の実行委員長を七年前の卒業生が務めました。彼が涙ながらに言うんです。「前回実行委員長をやった時には、なぜ自分ばかりこんな面倒なことをしなければならないんだ、という気持ちがあったけれども、今回はそういうことを全く感じませんでした。人のために一所懸命やって、喜んでくれる姿を見たら、こんな嬉しいことはないということにやっと気がつきました」と。

　まさにそこが分かれば、いかに生きるべきかという基本も分かってきます。ですから彼の言葉を聞いて、私も嬉しかったですね。三十年して鍵山さんに教えていただいたことがようやく少しだけ実行できるようになったかな、と思うんです。

十二年でやや兆しが見え、二十年でようやく浸透する

上甲　私は鍵山さんの掃除の実践に目を開かれるとともに、掃除という、一見経営には無関係に思われることに取り組まれるまでにはどんな経緯があったのか。このことにも強い関心を抱きました。ぜひとも教えを請いたいという思いでした。

鍵山　創業当初、私の会社に来てくれる人はほとんどがどこへ行っても長続きしなくて、方々《ほうぼう》渡り歩いてきたような人ばかりでした。あっちで半年、こっちで一年という具合にもう何社も渡り歩いて、皆心が荒れている。表情も態度もすべてが荒っぽいんです。この人たちの心をどうやって穏やかにするかということが、私に課せられた最大の課題だったわけです。

ところが、いくら口で言っても直らない、文書にしても伝わらない。だとしたら、もうこれは働く環境、日常使う車をきれいにするしかない。環境をきれいにすることによって、皆の荒んだ心を穏やかにし、こちらの思いを伝えられる状況をつくり出すことが、私の使命だと考えたわけです。

上甲　当初は、社員さんが仕事中にゴミ箱をドーンと蹴飛ばしたりして、そういう社内の荒《すさ》んだ雰囲気がもう本当に嫌で嫌でたまらなかったそうですね。しかし、そういうところから始めて会社に掃除を定着させていくのも、並大抵のことではなかったでしょう。

鍵山　おっしゃるとおりで、当時は業界全体が汚く、荒っぽい状態でしたから、なぜうちだけがそんなことをするのかと、大変な反発を受けました。

上甲　後に全社で取り組まれるようになった掃除も、最初は何年もずっと社長一人でおやりになっていたそうですね。鍵山さんがお掃除をしている手をまたいで通っていく社員もいたと聞きました。

鍵山　当時はやれと言ってやってくれるような状況ではありませんでした。もし私が意に沿わないことを言えば、社員の人たちはすぐ辞めてしまいましたからね。もう明くる日には来ない。昼ご飯を食べに行ったまま帰ってこないなんていうこともしょっちゅうありました（笑）。創業間もない頃というのは、そんなありさまだったのです。

それから当時は、社員が会社の車で小さい事故をよく起こしていました。大事故ではないんですけれども、出先であちこちぶつけては車体を凹ませてくるんです。これも気をつけろと言って直るものじゃない。ですから私は、車を毎日きれいに洗車することにしました。たとえ雨が降る日でも欠かさずやりました。

そういうことを来る日も来る日も続けているうちに、会社の雰囲気が激変したんです。それで私は確信しました。きれいにするということは偉大な力を持っていると。ですから人から何を言われようと、私は確信を持って掃除を続けてきたわけです。

上甲　その確信を得られるまでには、どのくらいかかりましたか。

鍵山　十年以上かかりましたね。昭和三十六年に掃除を始めて、やや兆しが見えてきたのが昭和四十八年ですから。

上甲　十二年……うーん。

鍵山　それも一気にということはなくて、あぁ社員もだいぶ分かってくれるようになったなと思うと、また辞めてしまう。そんなことが繰り返されました。

　そして十五年たち、昭和五十年代になってやや定着してきました。そうしたら、別に私が掃除のことをお話ししているわけでもないのに、掃除のやり方を教えてほしい、と社外から人が訪ねてくるようになりました。それによって社員も、自分たちのやっていることに自信を持つようになりまして、二十年後にはかなりのところまで浸透しました。

上甲　大変な忍耐を要することですよね。私が見学をさせていただいたのは、昭和五十年代の後半でしたから、世間も少しずつ認識し始めた頃でしたね。

鍵山　上甲さんがお越しになったのは創業から二十年以上経っていた頃でした。

愛されていることには鈍感　やってもらえないことには敏感

上甲　鍵山さんがご自分の会社をよくしたいとお考えになった時、掃除という発想が出てきた背景には何があったのでしょうか。幼少期のことなど、それまでの人生で影響を受けた体験はありましたか。

鍵山　十一歳までの私は、手に負えない少年でした。もう自分でも、このままではろくな将来を迎えられないだろうと思ったくらいの少年でしてね（笑）。

上甲　それは意外です（笑）。

鍵山　家が裕福だったものですから、ほしいものは何でもあるし、五人きょうだいの末っ子で、何でも兄や姉がやってくれました。遊ぶことについては天下一品でしたけれども、学校の勉強なんかは、もうこんな嫌なものはないというようなありさまで（笑）。

それでも本だけはよく読んでいました。講談の武勇伝なんかは随分読んで、昔の英雄豪傑のことは結構詳しいんです。学校の勉強はあまりしませんでしたが、そういう読書体験が学校の勉強以上にいま役に立っていると思います。

ところがそうした満ち足りた生活は、あいにく戦争で中断されてしまいました。十一歳の時に疎開して初めて親の元を離れました。その時ですよ、自分はこれまで何と親に守られてきたことか、いかにきょうだいのお世話になってきたことかと痛感したのは。それまでやってもらっていたことを、今度は全部自分でやらなければいけなくなって、自分は親きょうだいにここまでやってもらっていたのかと思い知らされたわけです。

これは後から思ったことですけれども、人間は両親や他人から守られたり、愛されているということに対しては鈍感です。分からない。ところが、やってもらえないことに対してはものすごく敏感なんですね。いまの人は特にこの傾向が強いと思います。そのことに気づいて、今度親の元に戻ったら、もういままでの生き方を変えようと決心したわけです。十一歳の時でした。

上甲　十一歳でそういうことに気づかれたのはすごいですね。

鍵山　その決心は、もう一つの体験で確固たるものになりました。

ほどなく東京が大空襲に遭って燃えてしまい、今度は家族全員で岐阜県に両親の出身地である岐阜県の山村に疎開することになりましてね。その疎開先で、母が真夏の炎天下に一人重いツルハシを振るって山を開拓している姿を見て、大変なショックを受けたのです。母が自分の命を削って子供を守ってくれている姿を目の当たりにしたこと。あれは私にとって「パウロの回心」のような衝撃でしたね。間もなく十二歳になる頃でした。

上甲　なるほど、そのあたりのご体験が、いまの鍵山さんの考え方や生き方の原点になっているわけですね。

鍵山　そうですね。それからですよ、自分が大きく変わったのは。それ以来今日まで七十年間、私は楽をしようとか、怠けようとかいう気持ちを起こせなくなったのです。自分が楽をしたら、誰にということもなく、とにかく申し訳ないという気持ちが先に出てくるんです。

上甲　そういうお話を伺うと、私が生まれ育ってきた世界とは全く違う世界を垣間見せていただいたような気になります。

鍵山　誰の言葉か定かではありませんが、こういう言葉があります。

「環境に強いられしところにより行われたことは、必ず成功する」

私もある意味、疎開先という環境に強いられるような形で自分を変えることができたわけです。いくら人からああしろ、こうしろと注意されても、決して変わることはできなかったと思いますね。

第三章

人は恵まれすぎると駄目になる

青年塾で学んだ方を拝見していますと、やっぱり我を捨てて人に尽くしている人の存在感というのは、どんどん大きくなっていきますね。逆に、お世話になる立場から抜け出せない人は、どんどんしぼんでいきます（鍵山）。

教育方針は不便、不自由、不親切

上甲　いまの社会を見ますと、全く逆ですよね。若い人を人間として駄目にしていくような環境ばかりがどんどん満たされていっているような気がしてなりません。

鍵山　私もいまの世の中を見ていて、このままでは将来不幸になる人が多くて、大変なことになってしまうのではないかと心配しているんです。もちろん、いい人生を送るだろうと思われる人も中にはいますけれども、大方の人は将来不幸になるであろうと思われる道を歩んでいると思われてならないのです。

上甲　鍵山さんの危機感は、私が青年塾をつくった思いとも重なります。若い人に本当に幸せになってもらおうとしたら、やはりいまの世の中の流れに身を置いていたのでは駄目です。私にできることは本当に微々たるものですけれども、鍵山さんがいまおっしゃったようなことも踏まえて、かつての暮らしぶり、習慣によってもたらされていたよい面にもう一度光を当てる必要があると思うんです。皆便利ばかり求めていますが、このままではどんどん便利にはなるけれども逆に幸せになれないと危惧しているんです。

鍵山　いまの人は、自分にとっての好都合ばかり求める傾向が強いですね。けれども、自分の好都合というのは人の不都合に繋《つな》がることが多いものです。にもかかわらず、自分の好都合さえ満たされれば、それが幸せだという考えが不幸のもとなんですね。

上甲　おっしゃるとおりだと思います。

私は青年塾で三つの教育方針を掲げております。それが「不便、不自由、不親切」です。ただ指針として掲げるだけではなく、全てその方針の下に塾を運営しています。実際、私はなるべく世話をしないから、全部自分でやってくださいというふうにしたほうが、塾生たちも非常にやる気になるものですから、私はこの教育方針にすごく自信を持っています。

なまじいろいろお世話をしてあげるから文句ばかり出てくるわけで、それはまさしく贅沢病《ぜいたくびょう》だと言うんです。逆に、与えなければ塾生たちも自分でやるしかない。自分でやることによって初めて達成の喜びを感じられるので、私は「不便、不自由、不親切」を徹底してやっていこうと肚《はら》を決めています。

鍵山　いいことだと思います。

青年塾で学んだ方を拝見していますと、やっぱり我を捨てて人に尽くしている人の存在感というのは、どんどん大きくなっていきますね。逆に、お世話になる立場から抜け出せない人は、どんどんしぼんでいきます。
　これは何も若い人に限りません。大企業の社長だったような人でも、役職を離れて他者との関わりがなくなると、途端に風船に穴が開いたみたいにスーッとしぼんでしまって、世の中から忘れられていく。そういう人がたくさんいますね。

上甲　ええ、本当に多いですね。

鍵山　そういう姿を見ますと、やっぱり人に尽くすということは、何も人のためではない。結局すべてが自分の人生のためになるということを、私はつくづく実感するんです。

上甲　それが人生の真理なんでしょうね。人に尽くせば自分が幸せになれるというのは、まさに真理ではないかと私も思います。

鍵山　青年塾も知識や技能よりも、むしろ人に尽くす大事さを、体験を通じて実感することを重んじておられるのではないでしょうか。上甲さんは政経塾でのご体験を踏まえて、青年塾の塾生の方々をそうした尊い道へと導いていらっしゃるのだと思います。

誰かがなんとかしてくれると思えば、緊張感もなくなる

上甲　青年塾では、年に一回希望者を募って海外研修をするんですが、その案内もあえて不親切にしています。例えば昨年は四十四人でミャンマーに行きました。何月何日の午前十時までにヤンゴンの何々ホテルに集合としか伝えないんです。はじめは皆、こんな不親切な案内では行けません、どうして行けばいいのですか？　と聞いてきます。私の答は、決まっています。「気をつけて」。ですけど、現地に全員が顔を揃えると、旅行会社に連れていってもらうのとは全然違う感動があるんです。達成感というんですかね。そういう時に、あぁこれまで過保護だった、与え過ぎていたんだなと実感するんです。

そういうやり方をしていると、もし何か問題があったらどう責任を取るんですかと言う人が必ずいるんです。ですからその海外研修の時には、「何が起きても自己責任。すべて覚悟の上」と書いた文書に、判子を押した人しか連れていかないんです。主催者責任を問われ始めたら、とてもそういう研修はできません。

そういうふうに責任を過度に追及するところも、いまの社会の非常に悪いところだと私は思います。自由なようでまことに不自由な社会ですね。

鍵山　そういうことばかりですね。では手厚い保護をして世の中がよくなっているかというと、決してそんなことはありません。人間は厳しい環境に置かれても、それなりに何とかするものですし、そのことによって思いがけない力が引き出されるものなのです。

私は昔、仕事でロサンゼルスに行った時に、仲間と二人で方々を視察しながらニューヨークまで行くことにしていたのですが、その人が途中で帰国することになりましてね。片言の英語しか喋《しゃべ》れない私が急遽《きゅうきょ》一人で回ることになったわけですが、ちゃんとニューヨークまで辿り着くことができました。何とかなるものなんですね（笑）。

上甲　本当におっしゃるとおりだと思います。

初めて海外研修を行った時は、気を使って旅行会社の添乗員を二人お願いしたのです。そうしたら、部屋が狭いとか、夜中にラーメンを食べられるところに連れていけとか、わがままばかり出る。人に世話をしてもらうとなんと皆わがままになるかということを目の当たりにしましてね、翌年から添乗員をお断りしました。代わりに、参加者に添乗員を順番に務めてもらうという仕組みにしたんです。

鍵山　それはいいですね。

上甲　ですから三十人おりましたら、きょうは五人が添乗員として、皆のお世話をするのです。そうするとだんだん、時間に遅れたら皆に迷惑がかかるといったことが自覚されるようになって、団体の精神レベルが上がっていくんです。人に世話をしてもらってばかりいるとわがままになるから、逆にあまり世話をしないほうがいいんですよ。

ですから「不便、不自由、不親切」を実行することは非常に勇気がいることですけれども、あえてそういう状況をつくる必要があります。いまの社会はあまりにも恵まれすぎていて、かえって人を駄目にしていますね。

鍵山　おっしゃるとおりです。手厚くお世話をしたら事故がなくなるかというと、逆に増えたりするんです。誰かがなんとかしてくれると思えば、緊張感もなくなって自分で注意しませんから、当然のことだと思います。

求める気持ちがなければ言葉が心に飛び込んでこない

上甲　ところで、ここまでお話をする中で鍵山さんはいろんな言葉をご紹介くださいましたが、実にたくさんの本を読んでおられますね。いつも思うんですけれども、あれだけお忙しい中でどんなふうにして勉強しておられるのですか。

鍵山　私は時間があまりない中でたくさんの本を読みますから、一字一句精読するということはできません。時にはページを斜め読みすることもあります。それでも不思議と、パッと目が留まったところに素晴らしい光る言葉があるんです。

この間もラ・ロシュフコーというフランスの文学者の本を読んでいましたら、こういう言葉が目に留まりました。

「われわれの気分が穏やかであるか荒れるかは、生涯の重大事によってよりも、むしろ毎日起きるこまごましたことの運びが、思わしく行くか行かないかによって左右される」

本当にそのとおりなんですね。

私はいままでに大きな問題に何度も直面してきましたけれども、そんな時は案外心が揺れることはないんです。むしろすれ違いざまにぶつかったとか、改札を通ろうとしたら、こちらのほうが明らかに先だったのに、向こう側から入ってこられたりするとムッとしますね（笑）。そういう、人生にとって大した問題でないことによって人間の心というものは決まっていくということ。ラ・ロシュフコーという人の説いたことはまさに真理だと思うんです。

私は本を読んでいて、よくそういう素晴らしい言葉がパッと目に留まるのです。

上甲　それはおそらく、鍵山さんがこれまで歩んでこられる中で、いろいろと悩まれたり、苦しまれたりなさって、求める気持ちが人一倍強いからでしょうね。

鍵山　それはあるでしょうね。

上甲　どんなにいい本を読んでも、何も求める気持ちがない時は、言葉というのは心に飛び込んでこないのではないでしょうか。

鍵山　おっしゃるとおりです。どの本を選ぶかという段階で、既にその人の人生に対する真剣さや切実さの度合いも表れるでしょうしね。

上甲　私は青年塾の塾生たちに尊敬する人を聞くんですが、八割までは両親、とりわけ父親と答えるんです。私自身、とても子供たちから尊敬されるような人間とは思えないので、君たちのお父さんは大したもんだなと言っていたんですが、尊敬する人として父親を挙げる理由が分かりました。要するにいまの若者の多くは、いろんな本を読んで勉強をしていないので、両親や上司以外に頭に浮かぶ人がほとんどいないのです。「尊敬する人物は誰か」と聞かれて、「父親」と答えてはいけないのです。父親を尊敬するのは人間として当たり前のことであって、取り立てて人に言うものではない。自分にとっての理想像というのがイメージできないんですね。

鍵山　なるほど、確かにそういう人が多いでしょうね。

上甲　まず歴史の勉強が足りないし、伝記の勉強も足りない。そこで青年塾では『坂の上の雲』（司馬遼太郎著）や『米百俵』（山本有三著）をお芝居にして演じさせるんです。本を読めと言うだけではなかなか読みませんからね（笑）。ああいう本を一冊でも読むと、様々な人物が登場してきますから、おのずと自分はこういう人になりたいというイメージができるようになるんです。

第四章

人との出会いが
自分を成長させる貴重な機会

政経塾にお掃除を導入する際に苦労したことが幸いして、鍵山さんとのご縁に恵まれました。そして鍵山さんと出会ったことで私の人生は、人間開発のための行脚の時代に入ったと思うんです。ひとつひとつの出会いを通じて自分を成長させる貴重な機会をいただいたと思い、感謝しています（上甲）。

田中久夫さんの「百円ラーメン」の志

上甲　鍵山さんとのお付き合いの中で忘れられないのが、素晴らしい人物を求めて全国各地を一緒に旅行させていただいたことです。あそこにこんな人がいる、あんな人がいるというので、いろんなところに赴《おもむ》いて学びを共にさせていただいたことが、いまでも懐かしい思い出として残っています。
鍵山　本当にいろんな所へ連れていっていただきました。
上甲　紋別《もんべつ》郡遠軽《えんがる》町の北海道家庭学校もその一つでした。全国唯一の私立の児童自立支援センターいわゆる非行少年を更生させる学校なのですが、すごく印象的でしたね。
鍵山　ええ、あの学校の少年たちの姿はいまでも鮮明に覚えています。
上甲　あの時は大阪飯店の田中久夫さんの百円ラーメンを子供たちに食べさせようと計画して訪問したわけですけれども、事の発端《ほったん》は田中さんとの出会いでしたね。
　田中さんは昔、大阪のある中華料理屋さんで修業している時に、最も無駄のない料理のつくり方を叩き込まれたそうです。ご出身は高知で、集団就職をしてきた時にとてもひもじい思いをして、ラーメンが百円で食べられたらいいな、といつも思っていた。大阪の西成区に「大阪飯店」というご自分のお店を出してその夢を実現したわけですが、「なんといま時百円ラーメン」と大手新聞の社会面のトップでも紹介されて大変な話題になりました。

私も政経塾時代には随分塾生を連れていきました。当時、なにしろ一番高いメニューでも四百五十円の中華どんぶりでしたからね。「きょうは私が奢るから、何を注文してもいいよ」と（笑）。鍵山さんも、ご自分で随分足を運ばれましたね。

鍵山　ええ、何度も人を連れていきました。私が田中さんに感動したのは、決して安いからとか、値段のわりに美味しいとかいうことではないんです。田中さんの、ネギの皮一枚でも無駄にしないというその精神。ギリギリまでものを生かしてコストを下げるというその気持ちが私は嬉しかったのです。そういう田中さんの生き方、仕事に対する取り組み方を見てもらいたいと思って、よくいろんな人を連れていきました。

上甲　田中さんは、鍵山さんが行かれるようになってから熱心にお店の掃除をするようになりました。鍵山さんから、お店が汚いと叱られたそうですね（笑）。

鍵山　そうでした（笑）。いくらいいことをしていても、お店が汚くてはやはり本物のサービスにはなりません。よく、忙しくてそこまで手が回らないと言いますが、それは言い訳で、できないことは絶対にないのです。
上甲　田中さんも随分感化されたようですね。鍵山さんはいつもスープを全部飲み干してくださると言って喜んでいましたよ（笑）。
鍵山　ははははっ（笑）。
上甲　私があの方の心意気を感じたのは、「やっぱり百円は百円だね」と言われるのが一番恥だと。「えっ、これが百円？」と言わせたいためにやっているというところに惚れ込みました。それが彼の志ですよね。
鍵山　百円でラーメンを出せば、経済的に豊かでない家の子供も、ラーメンを食べる喜びを得られると。そういうところまで、田中さんは考えていらっしゃるわけですね。百円を握りしめてやってくる子供たちにも、美味しいラーメンを食べさせるというのも凄いことです。
　塾から遅く帰ってくる子供たちを、自分の百円ラーメンでお腹をいっぱいにしてやりたいという思いがあったそうです。
上甲　北海道家庭学校を訪問する計画も、施設の子供たちになんとか自分のラーメンを食べさせたい、という田中さんの思いから始まりました。

鍵山　北海道までラーメンのスープを送れないので、ご自分で膝の上に抱えて飛行機に搭乗されましたね。途中で気分を悪くなさって空港に着くまで苦しんでおられました。

上甲　飛行機に乗るのはあの時が生まれて初めてで、前の晩一睡もできなかったそうです（笑）。それでも、向こうの皆さんがとても喜んでくださいましたから、大変な思いをして行っていただいた甲斐がありました。

田中さんは幼い頃から、どんなに苦労しても悪いことだけはしてはいけない、とご両親から教えられて育ったそうですが、あの時も家庭学校の子供たちの前でもその話をしてラーメンを振る舞ってくださいました。田中さんの話に感動した子供たちが、私たちの見ていないところで何人も握手を求めてきたと聞いて、私は凄く嬉しかったですね。ですから将来、子供たちが万一また悪いことに手を染めそうになっても、ふっとラーメンの匂いとともに田中さんの話が甦って、思い止まるんじゃないかと私は信じているんです。

鍵山　いいお話ですね。おそらく子供たちの中では、ラーメンももちろんですけど、田中さんの手の温もりがいつまでも残ると思いますよ。

汗を流すことの大切さ

鍵山　北海道家庭学校は、校長の谷先生が全人格で教育に取り組んでおられて、学校全体が家族のような温かみに包まれていました。

上甲　もともとは、留岡幸助《とめおかこうすけ》という明治時代のキリスト教者が創設した非常に歴史のある学校です。罪を犯した子供たちの更生は、一般には公立の施設が手がけているのですが、北海道家庭学校は私立の施設として、留岡幸助の強い思いの下、キリスト教の教えに基づいて行っているわけです。

何らかの非行を起こした不幸な子供たちが預けられるわけですが、冒頭の政経塾の話にも関連づけて申し上げるなら、そこで行われているのは知識ではなく知恵の教育です。

毎日、知識を身につけるための教育は午前中だけで、午後は学校の中でのあらゆる作業を子供たちが手分けをして行います。机をつくるのも、水道管を敷設するのも、植林をするのも、牛を飼うのも、全部自分たちでやるのです。

鍵山　自給自足で運営しておられるところが素晴らしいですね。醤油から味噌から、自分たちで食べるものはほとんど自分たちでつくるというのが、とてもいい教育になるんですね。

いまでもよく覚えているんですが、斧を持って薪割りをしている少年がいたので、「おじさんにそれを貸してごらん」と言ったら、できるかなという顔をして私のことを見たんです。私は子供の頃さんざんやっていますから、こんな大きな木を割って見せたらとても驚いて、私のことを見直したようでした（笑）。

上甲　谷先生から、教育方針である「流汗悟道《りゅうかんごどう》」という言葉を教えていただいた時には、これはまさしく鍵山さんがやってこられたことではないか、と私の心の中でパチッと一致する思いでした。「流汗悟道」とは、汗を流して仕事をすることを通じて、人間として大事なことを悟っていく。私が鍵山さんから教わったことを、端的に表現した言葉だと思い、深く感じ入りました。

額に汗を流して苦労をすれば大事なことが分かってくるという考え方は、いまの時代あの時以上にますます大事になってきていると私は感じています。いまはインターネット、スマホ万能で、汗を流さない時代になってきました。

鍵山さんは、汗を流すことによってどんな大事なことが分かると思われますか。

鍵山　やはり人の辛さではないでしょうか。自分が骨を折ってみなければ本当に他人のことは分からないものです。いまの人は、自分が辛い思いをしていませんから、他人のことが分からない。そして結局は自分の世界に入り込んでしまうのだと思うんです。

上甲　自分が傷つくことを極端に恐れているんですね。

鍵山　恥をかくことや、不条理に堪《た》えることも恐れますね。まぁ弱いんです、基本的に。

三浦綾子先生と三浦光世先生ご夫婦

上甲　百円ラーメンの田中さんと北海道に行った時には、作家の三浦綾子先生のところにもご一緒しましたが、あれも非常に忘れがたい思い出です。

鍵山　そうですね。三浦先生は既にあの時にはパーキンソン病で、真っ直ぐ座っておられないのに会ってくださいましたね。ずっと座っていると、だんだん体が傾いてくるんですが、しかしお話は実に凜《りん》としていて、難病を抱えていらっしゃるなんていうことは、こちらに微塵《みじん》も感じさせませんでした。そういう三浦先生の姿勢に深く感じ入ったものですから、私はあれから先生のご著書をほとんど買い求めて読みました。

上甲　あの時三浦先生から、「政治家を育てるのだったら、北海道家庭学校みたいなところで修業しなければ駄目よ」と最初に言われたので、「北海道家庭学校でしたら、何度もお伺いして勉強させていただいております」と申し上げたら、先生の私たちを見る目がコロッと変わりましたね。最初に面会を申し入れた時には五分だけと言われていたのですが、おかげで二時間くらい胸襟《きょうきん》を開いて語り合うことができました。

鍵山　そういう方ですよね、三浦先生という方は。ただ有名だから会いに来たというのだったら、きっと五分で面会は終わっていたでしょう。

上甲　お話の中で三浦先生は、ご自分のことを「土下座のお綾」とおっしゃっていましたね。すぐに土下座して謝りに行くのだとご主人の光世さんがおっしゃっていました。

　ＮＨＫが取材に来た時、途中で隣の製材所の音が急に聞こえなくなったので、不思議に思って三浦先生が聞いたら、ＮＨＫの人がその製材所にお願いして音を止めてもらったというのです。その途端にすぐ走っていって土下座して謝ったとおっしゃっていましたね。自分たちの勝手な都合で皆さんのお仕事を止めてしまって本当に申し訳なかったと。

私はその話を伺って思わず唸《うな》りましたね。そういうところは、鍵山さんから教わったことと非常に共通しているなと思いました。

鍵山　私のほうはたかが知れていますけれども（笑）、三浦先生がそういうしっかりとした信念を、あれだけの重病を抱えながら失わなかったというのは凄いですね。

そして、それをご主人の光世先生が実にしっかり支えていらっしゃいました。あのお二人がコンビを組まれたからこそ、創作活動も成り立ち、たくさんの名作が生まれたのだと思います。

上甲　あの創作作業は独特で、とても印象的でした。綾子先生が頭に浮かんだ文章を声に出して読み上げられるのを、光世先生が「はい、はい」と言いながら速記していかれる。あれは凄いと思いました。

鍵山　光世先生は歌がとてもお上手でしたね。いただいたＣＤをいまでも持っていますけど、とてもいいお声で。

上甲　普段は決して大きな声を上げることのない方だと聞きました。感情的になったり、荒んだことを言ったり、人を怒鳴ったりということの一切ない、神様のような人だと思っていましたが、私もいまこの年になってきますと、そういうことが凄く大事なことだと実感させられます。

綾子先生が病気になってからは、夜寝る時にお互いの手を紐《ひも》で縛っておいて、夜中にトイレに行きたくなったら引っ張って起こすんだと。冬の寒い時期など何度も起きてトイレに連れていくのは大変ですから、綾子先生が「何度も起こしてごめんね」とおっしゃったら、光世先生は「何を言っているんだ。辛いのは君のほうだろう」と。なるほど、愛するというのはそういうことなのかと感動しました。あれも非常に印象に残っているエピソードの一つです。

鍵山　確かに、気兼ねしながら相手を起こすというのは辛いものです。しかしそういうふうに応える光世先生がまた凄いですよね。

上甲　当時はとても真似できないことだと思いましたけれども、だんだん年を取っていくにつれて、自分もそういう心の持ち方ができるようにならなければと強く思うようになりました。人格というのはそういうふうに意識していくことで磨かれていくものだ、といまは実感しています。

鍵山　おっしゃるとおりだと思います。

上甲　こうして振り返ってみますと、私は政経塾にお掃除を導入する際に苦労したことが幸いして、鍵山さんとのご縁に恵まれました。そして鍵山さんと出会ったことで私の人生は、人間開発のための行脚《あんぎゃ》の時代に入ったと思うんです。田中さんと三人で北海道にご一緒させていただき、北海道家庭学校で目から鱗が落ちるような体験をしたり、三浦先生ご夫婦にお目にかかって目が覚めるような思いがしたり、ひとつひとつの出会いを通じて自分を成長させる貴重な機会をいただいたと思い、感謝しています。

第五章

人が成長し、人格が変わる時

人間が飛躍し、成長するのは決断した時ですね。何もしないでいくら勉強しても成長するのは難しいでしょう。思い切って決断をすることが大事です。その決断も、私心、私利を去った上での決断でなければ飛躍できない（鍵山）。

人に求めることは自らも実践しなければならない

上甲　私が平成七年に松下政経塾を辞め、志の高い国づくりを目指して「志ネットワーク」を立ち上げたことは、人生における大きな決断でした。退職に踏み切る大きな力になったのは、やはりここまでお話ししたような様々なご縁と、そこからいただいた学びであったと思っています。

鍵山　松下政経塾にはどのくらい在籍されていましたか。

上甲　十四年間です。辞めた時には既に松下幸之助も亡くなっておりましたから、当時松下電器の社長だった山下俊彦さんが、塾の責任者も務めていました。その山下さんから、「松下電器に戻ってこい」と言われたことがひとつのきっかけになりました。

鍵山　松下政経塾をお辞めになる時には、やはりいろいろなことをお考えになったでしょうね。

上甲　ちょうど五十四歳六か月の時でした。前任の塾頭も同じ年齢で松下電器に帰り重役になったこともあって、松下電器に同期入社した連中から「いいタイミングで本社に帰ることになったな。次は重役だ」とも言われました。

しかし私は考えたんです。自分が政経塾で十四年間教えてきたことと、自分自身の出処進退というのは深く関係することじゃないかと。私はそれまで塾生に、「己の損得を超えろ」と繰り返し説いてきました。政治家たる者は己の損得を超えて、もっと大きな損得、つまり日本の損得とか世界の損得を考えることが大事だと。私が塾生に教えてきたのはこの「己の損得を超えろ」のひと言と言ってもいいと思うんです。それまで政治を目指す人が、自分の選挙や出世のために平気で人を押しのけたり、踏み台にしたりしてやっていく醜い姿を随分見てきましたから、自分の出世ばかり考えるなということを非常にやかましく言っていたわけです。

そんな偉そうなことを言ってきた自分が、さっさと松下電器に帰って恵まれた環境でぬくぬくとやっていったのでは申し開きができない。やっぱり自分の言葉には責任を持たなければならない。特に教育に携わる者にとっては、人に求めることは自らも実践するという厳しさがないと、人はついてこないのではないか。そういうところから会社を辞めようと、後先考えずに決断したわけです（笑）。

松下政経塾の塾生は、卒業後、裸一貫、一人立ちする。松下グループが組織ぐるみ応援することはない。それが大原則です。私もまた、同じ道を歩かなければ塾生に申し開きできないと思った次第です。

一番の功績は一切心配をかけなかったこと

上甲　もうひとつ私の決断を後押ししてくれたのが、他ならぬ山下社長から徹底して叩き込まれた、「自立」という教えでした。

松下政経塾を運営している時も、政経塾は政経塾だ、松下電器に頼らずに自分でやれ、と繰り返し言われましたが、それが山下さんの基本姿勢だったんです。私ももともと松下電器の社員ですから、どうしても松下電器との関係を意識して動くことも多かったんですが、そういう時には強く叱られました。

政経塾でパソコンを導入する時も、「君はどこのメーカーのパソコンを入れるんだ」と聞かれたので、「政経塾は松下グループの一員ですから、松下電器のパソコンにします」と答えたら、本気で怒るんですよ。「松下政経塾は松下電器じゃないだろう、なぜ松下グループの一員みたいな考え方をするんだ」と。とにかく徹底して自立なんですよ。

その山下さんから最初に言われていたことは、「選挙の時に松下グループは一切金を出さない。企業ぐるみの選挙もしない」と。私は最初、松下グループにどれだけ応援してもらえるか、それしか政経塾の生きていく道はないと思っていたんです。ところが山下さんは、それを頭から否定するんですよ。

私もそういう中でだんだんと、もう松下グループには頼らないという自立の精神が培《つちか》われていったように思います。途中から報告にも行かなくなりました。そういう私に対して山下さんはまた、「君の一番の功績を挙げるとすれば、松下電器の幹部に心配をかけなかったことだ」と言うんですね（笑）。

ですから、私が政経塾で仕事をしていた時のキーワードは自立だったんです。政経塾で仕事をする限りは、自分も自立しなければならないという気持ちがベースにあったんですよ。

ですから、山下さんに「松下電器に戻って来い」と言われた時に、「いえ、戻りません」と答えたのは、長い間山下さんから「自立せい、自立せい」と言われ続けたことの裏返しで、ここで帰ってしまったら自立していなかったことになるという思いがあったんです。

そしてもう一つ、私はそれまで政経塾の塾生たちに、「松下グループは選挙の応援を一切しませんよ。お金も出しませんよ。裸一貫自分でやるんですよ」ということを徹底して教えてきました。その私が、さっさと松下電器に帰って、松下電器の中でぬくぬくしておったのでは、自分の言葉に対する責任が持てないという気持ちがありました。どこかのタイミングで自分も自立しなければならないなという思いがベースにあったんです。

ですから、山下さんから戻ってこいと言われた時に、衝動的に「会社を辞めて、自分でやっていきます」と答えたんです。あれが山下さんではなく、他の人から帰ってこいと言われていたら、また違ったかもしれません。

一流の人間は言い訳をしない

上甲　あの時のことはいまでも忘れません。東京支社の秘書室で山下社長に退職の意思を告げた後、すぐに電話で相談させていただいたのが鍵山さんでした。「こんなことになりまして、どうしましょうか？」と（笑）。

鍵山　そうでしたね（笑）。

上甲さんが松下電器をお辞めになったのは、五十五歳になる前でしたけれども、当時の松下電器では、五十五歳になるまで待って退職すればいろんな恩恵を得られたので、周りから「もう少し我慢すればいいじゃないか」という声もたくさんあったそうですね。それでもなおご自分の信ずる道を貫かれたわけですね。

上甲　先ほど申し上げたように、退職の決断をしたのが五十四歳と六か月の時でした。いろいろ聞いてみると、松下電器は五十五歳からは老後の安定に繋がる制度がたくさんある。早期退職を促進するために、五十五歳を過ぎたら六十歳で辞めた人と同じ条件でその恩恵にあずかれるんです。そこは非常に悩ましいところではありました。あと半年待てばと（笑）。

けれどもその時の私の職制を見たら、どこかの本部長付だったんです。それを見た時に、こんなよく分からない役職を務めている場合ではない。この貴重な人生をそんなことで時間稼ぎしていたらいかんなぁと。それに、あまり目先のことを考え始めると決心が揺らいでしまうと思いまして、えいやっと五十四歳と六か月で退職しました。あの時は随分多くの人から言われましたね。「何かあったのか」と。「これだけ手厚い制度があるのに、それを拒否して辞めるのは何か裏の事情があるに違いない」と（笑）。その時に指針になったのは、『致知』に載っていた三浦綾子先生の言葉だったんですよ。

鍵山　あぁ、三浦先生の。それはどんな言葉でしたか。

上甲　『致知』の誌面に大きな文字で「一流の人間は言い訳をしない」という言葉が紹介されていました。私はそれを見て、言い訳したくてたまらない自分は、まだまだ二流、三流ですと書いてあるような気がしてなりませんでした（笑）。そうか、こういう時に弁解をしたら自分の値打ちを下げるなと思って、黙って会社を去ることにしたんです。

その時つくづく思ったことは、会社というのは入るよりも辞めるほうが難しいということでした。円満に辞めるというのはものすごいエネルギーがいるなと。「これだけは言わせてもらおう」と、それまでの憤懣《ふんまん》をぶちまけて出ていく人もたくさんいるわけですが（笑）、それをやってしまうと、回り回ってそのマイナスが自分の前途に落ちてくるような気がしたんです。ですからそこはグッと我慢して、皆から祝福されて辞めることが大事だと思って、「お世話になりました」と笑顔で会社を去ったわけです。あれには随分エネルギーが要りました。

鍵山　それはとてもよい辞め方をなさいましたね。

上甲　あの時、妻からは非常に厳しいことを言われましてね。政経塾を辞めることを告げて、「これから俺は、志で生きるんや」と言いましたら、「あなた、志で食べていけるの？」と（笑）。

そう言われるのも無理もないことで、妻に心配をかけないためにも頑張らなければならない。大変でしたけれども、本当に不思議なもので、自分の思いを懸命に貫いてきたところ、二十年たって皆から言われるようになったんですよ。「本気だったんだな」と。そう言われるまで二十年かかったわけです。やっぱり言葉ではなく、実績で示していく以外に世間というのは分かってもらいようがないことも、いましみじみ実感することとです。あの時余計なことを言って回るよりも、黙って辞めて実績で示していこうとしたのは、いまから考えると正解だったと思います。正直言ってあの時は苦しかったけれども、ぶれることなく初志を貫いてよかったとつくづく思っています。

鍵山　歴史というのは、だいぶ時間がたたなければ評価を受けられないものですからね。

上甲　本当にそう思います。
　それから、私が政経塾を辞める時に塾ＯＢの中田宏君（前横浜市長、前衆議院議員）が、「条件が揃ったら決断すると言っている人は決断しない。決断が条件を揃えていくのですよね」と言ってくれましてね。あぁまさにそのとおりだ。非常にいいことを言ってくれたなと思ったんです。彼も卒塾後にいろんな決断をしてきてそう実感していたのでしょう。すべての条件が揃ったら辞めましょう、というのでは、どんどん迷っていくんですよね。
鍵山　そうですね。条件なんか揃うわけがないんです（笑）。

私心を去って決断した時、人間は飛躍する

上甲　鍵山さんにはその後、志ネットワークの他の仲間とともに大阪の千里にある松下電器の保養所に来ていただいて、それまで温めていた青年塾の構想を泊まりがけで聞いていただきました。そして、そこまで決意が固いならやってみたらどうかと皆さんに背中を押していただきました。あれは私の人生の中でも一番の節目でした。皆さ

んのおかげで自分の思いに向かって思い切って舵《かじ》を切ることができたのです。ご縁に支えられて決断でき、いまがあることを深い感謝とともに実感しています。

鍵山　やはり人間が飛躍し、成長するのは決断した時ですね。何もしないでいくら勉強しても成長するのは難しいでしょう。思い切って決断をすることが大事です。その決断も、私心、私利を去った上での決断でなければ飛躍できないと私は思いますね。

上甲　鍵山さんは揮毫《きごう》を頼まれると、よく「水中の陣」と書かれますね。

鍵山　そうですね。普通は「背水の陣」と言いますけれども、私の場合はそれよりもっと厳しい「水中の陣」でした。「背水の陣」は後ろの川に入ればまだ下がれますが、私の場合は既に水の中に入っていて、一歩でも下がれば命が持たない。もう前に進むよりしょうがないという状況でずっとやってきたわけです。

上甲　あの時の私もまさしく「水中の陣」でありました。

鍵山　それにしても、あの時上甲さんのもとに集まった方々の人の力というのは素晴らしかったですね。少々資本金があるよりはよっぽど大きな力になったと思います。何の人脈もなくただお金を集めてそれをスタートの土台にしたのでは大変だったと思います。

上甲　あれは本当に忘れられません。あの時の集まりがいまの私の活動の母体である「志ネットワーク」へと発展していきました。皆さんは大変な恩人です。

その体験も踏まえて最近若い人によく言いますのは、独立するためにお金を貯めるという考え方は捨てたほうがいい。独立する時に一番の力になるのは、資金力ではなく、やっぱり人脈力だということです。しかし、卑しい気持ちでは本当の人脈はできないと思うのです。自分の人間性を高めながら本当の意味での人の繋がりというものを築いていなければ、独立してもなかなかうまくいかないと思うんです。

鍵山　あの時の上甲さんの私利を去った決断と覚悟が〝志ネットワーク〟の皆さんの心に伝わったのだと思います。

第六章

人間の本性は後ろ姿に表れる

相対している時には緊張感もありますから、相手の本性というのはあまり分かりません。けれども、例えば掃除をしている人の後ろ姿をふと見たりすると、そこにその人の本当の心が隠しようもなく表れているということはあります（鍵山）。

鍵山さんとの出会いで人格が一変した上戸さん

鍵山　あの時集まった方の中に、もうお亡くなりになりましたが、長崎の上戸《かみど》さんがいらっしゃいましたね。私はあの時、喧嘩をしましたけれども（笑）、あの後あれほど親しくなるとは思いませんでした。

上甲　そうでしたね（笑）。はじめから肝胆相照《かんたんあいて》らすのではなく、最初は喧嘩から始まる仲もある。本当に人の縁というのは不思議ですよね。

上戸さんは、他の志ネットワークの仲間と一緒にローヤルさんにお連れした時、手を挙げてお掃除をすることに対してひとしきり批判をして一歩も譲りませんでした。しまった、面倒な人を連れてきてしまったなと（笑）。これは鍵山さんも気分を害されただろうと気をもみながら見ていましたが、結果的にあの方が一番熱心にお掃除をされるようになりましたね。

鍵山　そうなんです。しかも、ものすごく親しくお付き合いさせていただくようになりました。

上甲　鍵山さんのことを人生の師とまでおっしゃるようになりましたね。「人生の師のわりには、初めは随分失礼なことを言いましたけれども」と（笑）。
鍵山　あの喧嘩の後、イエローハットの伊万里店の社長から電話がかかってきましてね。「お店の商品を二百五十万円くらいいっぺんに買ってくださって、しかも前払いするというお客様がいらっしゃるのですが、ご存じですか」と。それが上戸さんだったんです。私にはひと言もおっしゃっていなかったので、店の者も突然のことでびっくりしたわけです。
上甲　それはそうですよね。
鍵山　上戸さんは伊万里店に行って、「会社の車のタイヤを全部ここで交換したい。ここに記してある値段のまま、一銭も負けずに請求してほしい」とおっしゃったのです。以来ずっとそのお店で多額の買い物をしてくださって、この間聞いてみたら、その総計はお店全体の売り上げの何か月分にも相当すると言っていました。
　上戸さんのことではもう一つ印象に残っていることがあります。ご自分のお店に商品を卸す時に、「百円で仕入れたものを五十円で売ることもある」とポロッとおっしゃったことがあって、「それは商人として間違っています」と私は申し上げたんです。さんざん努力をしてどうしても売れないから安く売るということはあり得るけれども、自分の会社がいかに安いかということを誇示《こじ》するために度を越えた安売りをすることは、商人として間違っていると。

ところが上戸さんは、自分が金を払って買ったものは自分のものだから、それをどうしようと俺の勝手だと。お互いに一歩も譲らなくて、また周りが心配するくらいの喧嘩になったんです（笑）。

でも後から、「やっぱりあなたのほうが正しかった」ってわざわざ言いに来てくれました。さらに後日談がありましてね。人間性がコロッと変わったんです。

それまではご両親が商売を心配して口を出すと、「やかましい、黙っとれ」と跳ね返していたそうです。確かに商才があって、やることなすことうまくいっていたので、横から口を出されるのをひどく嫌がっていました。ところが私との一件があってからコロッと変わって、ご両親に対する態度も変わったんですね。ご両親が、もしかしてこの子は死ぬんじゃないかと心配するくらい変わったというんです（笑）。

上甲　もともと一家言《いっかげん》のある人で、人との衝突が絶えない人でしたけれども、鍵山さんとの出会いで人格が見事に一変しましたね。

鍵山　見事な経営者であり、他に比類のない事業展開をされました。

始める時より終わった後に人格が見えてくる

上甲　さて、私が会社を辞めた時には、実に貴重な気づきがありましたので、また少し振り返ってみたいと思います。

　それまでいた松下電器の社宅を出ることになったので、マンションを買おうと思って銀行に行ったところ、お金を貸してくれないんです。その時言われたことはいまでも忘れませんね。「松下電器におられたら、すぐにお貸ししたんですけどね」と（笑）。志ネットワークなんて、名前も聞いたことのないようなところにはお貸しできないというわけです。

　途方に暮れて鍵山さんにご相談に伺うと、銀行から借りる金額も返済期日も、何も聞かずに保証人になってくださいました。

鍵山　あぁ、そんなこともありましたね（笑）。

上甲　鍵山さんへの深い感謝とともに実感したのは、先ほどご紹介いただいた疎開先でのお話とも通じると思うんですが、長い間サラリーマンを務めて、特に世に言う一流企業というところにいると、自分たちがどれだけ会社から守られているかということについては極めて鈍感になってしまうんですね。そんなことは当たり前と思ってしまっていて、辞めてみて初めてそのありがたみが分かるわけです。

それから、あの後で鍵山さんにひとつ褒められたことがありました。銀行からの借り入れを、頑張って早く返し終えることができたものですから、お礼のご連絡をしたら、完済の報告をしてくれたのはあなたぐらいですと（笑）。

鍵山　とても大切なことです。私はあれで上甲さんのことをますます信頼するようになったんです。世の中には、頼む時だけ頭を下げても、後の報告をしない人が多い中にあって、上甲さんは類《たぐ》い希な方ですね。

上甲　借りる時には一所懸命頭を下げても、終わった時のけじめというのはなかなかつけられないものなんですね。この思い出から想起されるのは、「後ろ姿に人格が現れる」という言葉です。

鍵山　それは私も実感しています。相対している時には緊張感もありますから、相手の本性というのはあまり分かりません。けれども、例えば掃除をしている人の後ろ姿をふと見たりすると、そこにその人の本当の心が隠しようもなく表れているということとはありますね。

上甲　私は松下幸之助の存命中に、政経塾の面接試験に一緒に立ち会ったことがあります。不思議に思ったのは、面接を受ける人がドアをノックして入ってくる時に、他の試験官はどんな人が入ってくるのか一斉に見るんですが、松下幸之助は見ようとせずに、手元の資料を見ているんです。そして、面接が終わって出ていく時に、他の試験官は点数を付けるために下を向いているのに、松下幸之助はじーっと出ていく姿を見ているんですよ。おかしいな、人と反対だなと。最初は、年を取ってタイミングがズレ始めたのかと思ったんですが（笑）、機会があってそのことを聞いてみたんです。

するとと松下幸之助は、「人間は皆、入ってくる時は他所《よそ》行きや。出ていく時に普段の姿が表れるんや」と言ったんです。確かに、入ってくる時は皆「よろしくお願いします」ときちんと頭を下げる。けれども出ていく時は、試験官に一瞥《いちべつ》もくれない人もいれば、きちんと頭を下げていく人もいる。なるほど、松下幸之助の言う通りだと思わず唸ったんです。

鍵山　本当にそのとおりですね。さすがに松下さんは、人間というものをよく見ておられます。

上甲　そう考えると、会社に入社する時には皆「よろしくお願いします」と殊勝《しゅしょう》な挨拶をして入ってきますが、辞める時には不満をぶちまけたり、自分の私物も片づけずに行ってしまうような人もおりますね（笑）。

あるホテルの支配人もおっしゃっていました。チェックインする時はよそ行きだけれども、チェックアウトした後の部屋を見ればその人の人柄が分かると。人間の本性は後ろ姿に表れるというのは、なかなか言い得て妙だなと思いました。

鍵山　確かに表れますね。

上甲　ですから私は、お掃除のお話をさせていただく時にも言うんですよ。掃除道具も借りる時より返す時のほうが大事だと。借りる時は、貸してほしい一心で皆一所懸命頭を下げるけれども、貸した後に返ってきた道具を見たら、あんなやつには二度と貸したくないと思うような乱雑な返し方をする人がいる。逆に、丁寧に使ってくれたり、キチッと手入れをして返してくれる人にはまた貸してあげたいと思うものですね。

鍵山　道具をキチッと手入れしておくと、次に使いやすいですね。ところが後始末が悪いと、次に使う時にまた初めからやり直さなければいけなくなります。ですから、後始末というのはやっぱり非常に大事だと思います。

上甲　講演なんかでも、依頼する時は皆熱心ですよね。けれどもいったん終わると、使い捨てかと思うような配慮を欠いた対応を受けることがあります。

鍵山　うちの事務所の人もよくこぼしています。「講演を頼んでくる時はもの凄い低姿勢でも、いったん受けるとろくに連絡もよこさないで、こちらから確認事項を問い合わせてもなかなか返事が来ないんです」と(笑)。そんなことがよくあるそうです。

上甲　私も経験があります。ですから人生も、終わった後のほうが実は本当の人柄を見抜かれるものだと思うんです。

鍵山　肩書がとれた後も、実力もないのにプライドばかり高くて、そのプライドを維持しようと一所懸命な人が多いです。そういう人はやっぱり寂しい晩年になると思いますね。

上甲　私も政経塾の肩書がとれてから反省したことがありました。それまで大企業に勤めてきて、自分なりに良心的な仕事をしてきたつもりだったけれども、なんと会社の名前を使って偉そうな仕事、傲慢《ごうまん》な仕事をしてきたことかと。

いまは講演のご依頼をいただくと、とにかく嬉しいんですね。志ネットワークなんて聞いたこともないところによくご依頼くださったと。それがたとえ日曜夜の地方で、僅かな人数でも関係ない。こんな心からの感謝の念は味わったことがなかったと思ったんです。政経塾の頃でしたら、えっ、日曜日の夜？　そんな僅かな人数のために行っておられるかと（笑）。

ですから、政経塾を辞め、松下電器を辞めて一番大きな収穫は、初心を取り戻せたことだと思うんです。自分はそれまで良心的に仕事をしてきたつもりでおりましたが、根っこのところに凄く傲慢な気持ちがあったことを痛感しました。まぁそれも辞めたおかげで自覚できたわけです。

鍵山　それは上甲さんの心の深奥に存在していたものが顕在化したのだと思います。元々ないものが現れることはありませんから。

第七章

逆境から学ぶものには敵わない

人間は自分で安全地帯をつくるんです。その中にいれば危険もないし、安心で安全です。ところがそこから一歩出ると途端に危険な目に遭ってしまう。遠くへ行けば行くほど危険になりますから、結局皆その安全地帯の中で人生を送っていく（鍵山）。

困難な時代を支えた言葉と遠大な希望

上甲　私が独立した時の話をずっと聞いていただきましたけれども、鍵山さんはどのような思いで独立なさったのですか。

鍵山　独立する前はカー用品の会社に勤めていたのですが、実はそこでは破格の待遇を受けていましてね。昭和三十三年当時の月給が五万五千円だったんです。

上甲　私が昭和四十年に会社に入った時の初任給が二万四千円でしたから、それは相当な額ですね。

鍵山　それ以外にも乗用車を一台、自由に使っていいということであてがわれたり、とにかく普通では到底考えられないような待遇を受けていました。ですから、待遇ということだけで言えば、辞める理由は何もなかったわけです。

しかし、業界には悪しき習慣がたくさん蔓延《はびこ》っておりましてね。当時は埃《ほこり》だらけの、蜘蛛《くも》の巣が張っているような汚いところで商売をやっていましたし、お客様を騙すようないかがわしい取引も平気で行われていました。自動車という近代産業に属していながら、自分たちが末端でこんなことをしていたのでは駄目だと痛感して、社長には何度も改善を提案しました。ところが社長は、自分の会社のマイナスにならない範囲のことは受け入れてくれたんですが、少しでもマイナスに繋がるようなことは受け付けてくれませんでした。

それで、もうこれは自分でやるしかないと決意を固めて、人も羨むような待遇を擲《なげう》って独立したわけです。昭和三十六年十月、二十八歳の時でした。

上甲　その時、ご結婚はなさっていたのですか。

鍵山　はい。長男もいて一歳ちょっとの時でしたから、家族のことを思えば辞めるべきではなかったでしょう。それでも、業界の悪しき習慣を変えるという強い思いで決断したわけです。

いま思うと、その遠大な希望があったから私はその後の様々な困難に耐えられたと思うのです。もしあの時、もっといい思いをしたいという程度の考えで独立をしていたら、あの辛さにはとても耐えられなかったと思います。とてもこんなことはやっておられない、と途中で投げていたでしょうね。

そういう私の根底で支えになったのが、イギリスの首相を務めたベンジャミン・ディズレーリの言葉です。

「いかなる教育も、逆境から学べるものには敵わない」

ですから、辛い逆境の最中でも、あぁこの逆境が自分という頼りない人間を鍛えてくれていると思えたわけです。このディズレーリの言葉は、本当に大きな支えになりましたね。

もう一つは、ドイツの哲学者ショーペンハウエルの、何事かをやり始めて成功するまでには三段階ある、という言葉です。第一段階は嘲笑される、笑い者になること。第二段階は激しい抵抗と反対を受けること。この二つを経て、第三段階にして初めて物事は成功するというのです。

上甲　そうした言葉が、正念場《しょうねんば》で甦ってくるわけですね。

鍵山　生きてくるんです。深く心に刻み込んだ言葉ですからね。ただ知っているという程度だったら、とてもあの厳しい状況の中で、自分を支えてくれる言葉にはなり得なかったと思います。

上甲　当時は随分ご苦労なさったのでしょう。

鍵山　最初は自転車一台に商品を乗せて売り歩くところから始めたんですが、行く先々で辱《はずかし》めを受けて、人間として扱ってもらえない。そんな毎日が続きました。自転車を曳《ひ》いていくと、うるさいやつが来たと言って名刺も受け取ってくれない。受け取ってくれたと思ったら目の前で破り捨てられる。バケツの水をかけられる。自転車を蹴倒《けたお》されて、商品がバラバラーッとそこら中に散乱してしまったこともありました。私が慌てて拾い集めるのを見て笑っているんです。毎日朝から晩までそういうことが続きました。自転車の行商人なんていうのはそんなものですよ。

挑戦しない限り逆境は来ない

上甲　大変な思いをされてきたのですね。それでも鍵山さんは、先ほどおっしゃったように遠大な希望を抱いていたことによって、そういう辛いご体験も耐え抜かれたわけですね。

私は若い人によく言うんです。逆境がチャンスというけれども、それには前提条件があると。やっぱり目標や志がないと、逆境は逆境でしかないと。富士登山を例にとると、「どうしても登りたい」と強い思いを持つ人は、途中のどんな困難にも耐えられます。しかし、「登らされている」と思っている人にとって途中の困難は苦しみ以外の何物でもないのと同じです。

鍵山　おっしゃるとおりです。逆境に遭ったがゆえに、惨めな人生になる人はいっぱいいますから。

上甲　逆に人間性が悪くなっていったりするんですね。

鍵山　ずるくなったり、したたかになったりもします。しかしそれでは駄目で、辛い体験をしながらでも自分の信念を貫いて生きていくことが大事です。

上甲　さらに掘り下げると、挑戦しない限り逆境は来ないとも言えますね。

鍵山　私もそう思います。

　人間は自分で安全地帯をつくるんです。その中にいれば危険もないし、安心で安全です。ところがそこから一歩出ると途端に危険な目に遭ってしまう。遠くへ行けば行くほど危険になりますから、結局皆その安全地帯の中で人生を送っていくわけです。

上甲　本当にそうですね。いまは特にその傾向が強いと思います。昔は貧しかったから、何とか現状から外へ踏み出したいと考えました。ところが、いまはとても豊かな時代になって、何もしなくても結構な暮らしができるわけですから、ますますその枠を超えたくないという意識が強くなっているような気がします。

鍵山　ですから、自分に体力も行動力もあるうちにその枠から抜け出して、そして危険に耐えていくということが大事だと思います。

上甲　私は青年塾で、研修が終わった時にいつも聞くんです。君はいま安堵《あんど》感を感じているか、「それとも達成感を感じているかと。安堵感というのは「やれやれ終わった」、達成感は「やった！」。そして自ら挑戦する気持ちで研修に臨まなかった人には、安堵感しかないわけです。それでは何回研修を受けても成長できません。挑戦があって初めて達成感があるし、成長もできる。そしてその原点は志、目標だと思うんです。

鍵山　そうですね。自分が何をしたいのか、どういう人間になりたいのか。そのことを明確にして歩んでいくことが大事ですね。

社員の人間性向上こそが会社の真の目標

上甲　創業当初のご苦労を経て、会社が少しずつ軌道に乗り始めたのはいつ頃ですか。

鍵山　やや会社の輪郭が見え始めたのが、創業から十五年たった頃でした。さらに会社として内外共に認められるようになったと実感できるようになったのが二十年でした。

私は、その基準を売上では考えませんでした。普通は、一定の売上さえ挙がるようになれば、まぁまぁだということになりますが、私が目指していたのは、社員から心の荒みをなくして、高い人間性を育むことでした。いまの社員のレベルではまだ駄目だ、この人たちの心が変わらなければ会社としては通用しないという考えでしたから、よけいに難しかったわけです。

でもそれは正しい判断でした。なぜかというと、当社よりもどんどん売上を伸ばしていった会社が、次々と消えてなくなりましたから。逆に、手間暇をかけるがゆえに他社の後塵《こうじん》を拝していた私どものほうが残ったわけです。

上甲　しかし世の中は、急成長する会社を持てはやす傾向がありますね。

鍵山　そうですね。私も昔、ものすごい急成長を遂げていたある会社を見て、あそこはいずれ駄目になるに違いないと思いました。まさに絶頂期でしたから、銀行の支店長さんがそれを聞いて、「なぜあんな凄い会社が駄目になるんですか」と驚いておられましたが、結局心配したとおりになってしまいました。

その会社の社長は、毎日営業に出た社員が全員帰ってくるまで会社で待っているそうです。そして、社員が一件も成約できずに帰ってくると、「これから売りに行くからついてこい」と言って、夜中に寝ている人を叩き起こして売ってきた、と自慢気にテレビで喋っていたんです。それを見て、あぁこういう会社は駄目だなと思っていたら、案の定《じょう》衰退していってしまいました。そういう人の迷惑も顧みない行為は絶対に駄目だと思います。

上甲　とかく急成長企業ではそういう非常識なやり方がまかり通っていて、それが美談のごとく語り伝えられる傾向がありますね。

第八章

大切なのは百の理屈より一つの実践

感動というと、どこか遠くの、地球の裏側にでも行かなければ得られないと思いがちですけれども、それは錯覚なんですね。もちろんそういう感動もあるけれども、目の前のトイレをきれいにするだけで感動できる（上甲）。

世界へ広がった掃除の輪

上甲　鍵山さんが、創業された会社をよくするためにたった一人でお始めになった掃除の実践は、やがて全社に広まり、社外にも広まり、今日では「日本を美しくする会」という組織になって、全国、世界でも展開される運動へと発展しました。

そのきっかけになったのが、岐阜県の「二十一世紀クラブ」との出会いでしたね。

鍵山　はい。いまもそのクラブの代表を務めていらっしゃいますが、東海神栄電子工業社長の田中義人さんが中心になって「掃除に学ぶ会」が立ち上げられました。あれは大きな転機でした。

上甲　私もあの時に鍵山さんから、岐阜県に非常に志の高い、元気な若い方々がいるから、一緒に行ってみませんかとお誘いをいただいて、「二十一世紀クラブ」の皆さんに引き合わせていただきました。田中さんたちと非常にいい交流ができたことがきっかけになって、「掃除に学ぶ会」が立ち上がったのとほぼ同じ時期に、私も青年塾を立ち上げて入塾式を行うことができました。ですから、あの出会いは私のいまの活動の原点になったと思っています。

鍵山さんは、田中さんとはどういう経緯でご縁を結ばれたのですか。

鍵山　田中さんには、平成三年十一月二十三日に岐阜県の蛭川村《ひるかわむら》（現・中津川市）にある博石館《はくせきかん》で催された複写ハガキの祭りの集いに参加した時に初めてお目にかかりました。田中さんのことは何も存じ上げなかったのですが、たまたまその集いが終わった後、八人の方々と田中さんのご自宅にお邪魔しました。いろいろお話をする中で、「私は長年掃除を続けてきたことで、人生も会社も変わりました」ということを申し上げたら、田中さんが強い関心を示されたのです。

その頃田中さんは、ご自分の経営される会社で内紛が起きるなどして大変悩んでおられて、早速明くる日から、ご自宅のはす向かいにある神社の掃除を始められたのです。続けていくうちに、確かにこれをやると変わるということを確信されて、私の会社に研修に来られました。さらに平成五年に掃除に関心を持っている三十五人の方々と「掃除に学ぶ会」を立ち上げ、岐阜の大正村に集まって一緒に掃除の実践をしました。それが現在の「日本を美しくする会」の発端となったわけです。

最初に行ったのが駐車場のトイレ掃除でしたが、そこの管理人さんには随分煙たがられて、早く切り上げて出ていってくれと何度も何度も言われながらやったものです

（笑）。

上甲　掃除の輪は、あれから二十年以上にわたって着実に拡大し続けてきたわけですね。

鍵山　「日本を美しくする会」は国内百二十七か所に拠点ができ、海外でもブラジル、アメリカ、中国、台湾、イタリア、ルーマニアに運動が広がりました。いまはマレーシアとドイツから実践したいという声が寄せられてきています。

ルーマニアではクルジュ＝ナポカという人口三十万人の都市があるんですけれども、そこの市長さんが非常に熱心で、ルーマニアを再生するにはこれしかない。まずこの都市で実績を示して、運動を全国に広めていきたいとおっしゃっています。イタリアはまだ市民運動にまでは発展していませんが、ブレシアという都市の市長さんが、市を活性化するには非常に有効だと高い関心を示されています。

上甲　私どもも鍵山さんの運動の影響を受けて、バングラデシュで青年塾のスタディツアーをやるたびに宿舎のトイレ掃除をやっているんです。向こうでは、トイレ掃除なんていうのは低い階級の人がするものだという観念がありますから、はじめは現地の人に随分変な目で見られました。しかし不思議なもので、毎年やっているとだんだん彼らも興味を示してきて、手伝い始めるんですよ。ですから汚れたものをきれいにする掃除というのはある種万国共通の営みなんですね。

鍵山　そうです。やり続けていけば、いろんな壁が間違いなくなっていきます。

何事についても壁というものがあります。壁を壊そうとすると、ものすごくエネルギーが要りますけれども、そこに穴を開けるということならそこまでエネルギーは要りません。掃除というのはそんな力がありますね。そして、いったん穴を開けると、その穴がだんだん大きくなって、やがては壁そのものがなくなっていくのです。

同様に、相手を無理やり説得してこちらの思い通りにするのではなく、気がついたら相手が変わっていたという、そういう力がありますね。

繁栄の道に入れる人、入れない人

上甲　田中さんは、私の青年塾にも社員さんをたくさん入れてくださっています。私は、青年塾に社員を派遣する会社で潰れたところはない、とちょっと偉そうな言い方をするんです。なぜならば、すぐに売り上げに貢献することばかりを求める考え方では、絶対に派遣しようという気持ちにはならない。たぶん人に対する思いがかなり深くないと、青年塾で社員に人間教育を施そうとは考えないと思うんです。ですから、青年塾に社員を派遣して人間教育をしようと考えた時から、もう既にその会社は繁栄の道に入っているんだ、と偉そうに言うわけです。

鍵山　それはもう間違いないです。

上甲　ちなみに、田中さんのところで初めて「掃除に学ぶ会」が立ち上がった時から実践を続けている方は、どのくらいいらっしゃいますか。

鍵山　あいにく、ほんの数人です。

上甲　長く続ける人と、途中で辞めてしまう人の違いはどこにあると鍵山さんは思われますか。

鍵山　ほとんどの人がすぐに効果を求めるのですが、やはりそういう人は長く続きませんね。費用対効果、労働対成果、要するに対価方式というのが前提にあるわけですが、掃除をしたからといってすぐに何か成果が得られるというものではありません。ですから、すぐに形に見えるものが手に入らないと言って途中で諦める人がほとんどですね。

上甲　飛びつく人は多いんですけれども続けられる人は少ない。掃除というと、目先が変わるし、きっと何か御利益があるに違いない。ましてお金がかからないからと飛びつく人は多い。

鍵山　これまでに、あれもやった、これもやったけどもうまくいかなかった。他にもっと目新しいものはないか、ということで飛びついてくる。けれども、自分の投じた費用対効果、努力対成果を見ると、結局これも駄目だとなるわけです。

上甲　いくらお掃除をしてもちっとも売り上げが伸びない、と。

鍵山　そうなんです。そう言って去っていく人がたくさんいますね。

掃除と食事が二大カリキュラム

上甲　私が青年塾で掲げる二大カリキュラムの一つは、鍵山さんの影響を受けて始めた掃除で、もう一つは食事づくりです。人間、身の回りをきちんと整理整頓して、しっかりとバランスよく食べるものを食べていれば、健全な人生を送れると思うんです。それでこの二つに力を入れているんですが、人間教育としては他のどんな講座よりも教育効果が高いように思います。

掃除のカリキュラムに参加した人は、自分はこれまで世界中を回っていろんな感動的な体験をしてきたけれども、トイレ掃除をして便器がきれいになることに勝る感動はない、と言うんですね。まさにそのとおりだと思います。

感動というと、どこか遠くの、地球の裏側にでも行かなければ得られないと思いがちですけれども、それは錯覚なんですね。もちろんそういう感動もあるけれども、目の前のトイレをきれいにするだけで感動できるということも一方で理解しておかないと、人生が浮き足立つんだと若い人には説いて聞かせるんです。それは百の理屈よりも一つの実践で、実際にやってみると皆、「目から鱗《うろこ》が落ちた」と感動します。

鍵山　本当におっしゃるとおりです。

上甲　二大カリキュラムのもう一つは食事づくりですが、これもなかなか効果がありま す。全員が三角巾とエプロンに身を包んで料理をこしらえて、それを一緒に食べるんですけれども、その時はとても言葉に表せないような、なんとも和やかでアットホームな雰囲気に包まれます。そこで出されたものはまず残しません。

かつてはどこの家庭でも食卓を囲んで一緒に食事をするのが普通でしたが、そういう一家団欒《だんらん》というのはまさにこういう雰囲気を言ったんだろうなと。ですから食事というのは、ただ買ってきたものを分けるのではなく、家族のために心を込めてつくって、それを皆で食べる。そういう基本的なところに家族の幸せがあったのではないかと、食事づくりをやってみてしみじみ思うんです。

これが教育効果抜群なのですが、あいにく私は教えられませんから（笑）、代わりに妻に指導してもらっています。カリキュラムからは外せませんね。

手間暇をかけることの大切さ

鍵山　それは青年塾という高い志で繋がった仲間と一緒に取り組むから、余計に効果が高いのでしょうね。

私は、ロケット開発で有名な糸川英夫博士の生前にご縁をいただいていたのですが、「鍵山君、飯はな、何を食べるかより、誰と食べるかのほうが大事だ」とおっしゃっていました。青年塾で行われる食事研修の教育効果が高いのも、塾で行動を共にして、心が通い合っている仲間同士で行うから一層食事が美味しく感じられるのだと思います。

上甲　そういうことを通じて、私が最近しみじみ思いますのは、人間教育の基本というのは、生活の中にあるんじゃないかということです。日々の生活をいかに丁寧に、しっかり励むかということは、実は人格をつくることと深く関係しているのではないかという気がするんです。「生活即人間教育」です。

逆に、そういう観点で我われの日常生活を見ますと、時代とともに便利なものに囲まれ過ぎて、生活の様々な営みを簡単に手抜きできるようになってきたと思います。それに従って、家庭から人間教育の機会や家族団欒の雰囲気というものが失われてきているのではないかと痛感しているんです。

鍵山　まず一番の基本である食事が、買ってくればすぐ食べられるようになって、自分で手間暇をかけてつくるということがどんどん減ってきていますよね。

上甲　ですから、週末にはたまに外食でもしようかというのが一般的ですが、青年塾では、たまには週末に家族全員で食事づくりをしようと言っているんです。家族みんなで買い物に行って、料理をつくって、一緒に食事をするというのは、家族の絆を深める一番の基本だと言って、盛んにそれを勧めています。

それをすると、お母さんはこれを毎日やってくれている、大変だよな、とその苦労が分かる。そこで初めて思いやりの心が芽生えて、家族の気持ちがより強く結ばれていくんじゃないかと思うんです。

鍵山　きょうも私のところに、東広島の中学生から学校で行われたトイレ掃除の感想文が送られてきていましてね。「初めて学校のトイレ掃除をやりました。お母さんが毎日こんなしんどいことをやってくれていることを初めて知りました」と書かれてありました。

ですから、実際にやってみること、そして手間暇をかけることによって初めて大切なことにいろいろと気づけるわけですね。

第九章

人生のテーマに基づいて生きていく

志には三つの条件がある。まず一番に、人生のテーマを持つこと。
二番目は、生きる原理原則を持つこと。三番目は言行一致（上甲）。

小島直記先生の思い出

上甲　私は独立して以来、志の高い国づくりを目指して活動を続けてきたわけですが、私に真の志というものを教えてくださったのが、政経塾でご指導いただいた作家の小島直記《なおき》先生でした。私の人生の中では小島先生との出会いも忘れ難いものです。

松下幸之助が亡くなったのが平成元年、政経塾十期生の時でした。私はその少し前から、松下幸之助亡き後の政経塾の精神的なバックボーンをどうしてつくったらいいかとずっと考え続けていました。

お金がある限り政経塾を存続させることはできますけれども、それはただの組織の存続であって、精神の存続とは言えません。どなたに松下幸之助の精神を繋いでいただくか、私は考え抜いた末に、鍵山さんと小島先生にお願いしたいと肚を決めたわけです。鍵山さんのトイレ掃除、すなわち実践を通じた人間づくりと、小島先生の伝記に学ぶ志。この二つの柱でいこうと考えたわけです。

小島先生はなかなか激しく厳しい方で、塾でもいろんなエピソードを残されましたけれども、私はそんな先生に随分触発されたところがあります。山下さんから本社に戻ってこいと言われて会社を辞めたのも、小島先生から教えを受けた影響がかなり大きいかもしれないと思うんです。

鍵山　小島先生には、上甲さんのおかげで私も何度もお目にかかりましたが、あの方は小島美学ともいうべき独自の美学を貫いておられて、その美学に反することは、人に対しても、またご自身に対しても許さないというところがありましたね。

上甲　私からすると、仏の鍵山、鬼の小島という感じで、怖かったですわ（笑）。こちらが至らないばかりに、塾生にも随分お叱りをいただきました。塾に三年間住み込んでご指導いただいて、いろんな意味で塾の実態もよく分かっていただいていましたから、かなり厳しくご指導いただきました。

鍵山　小島先生からすると、物足りないところがいろいろ目についたのでしょうね。

上甲　私はたまたま知り合いを通じて紹介していただいたんですが、とにかく厳しい方だと。ある新聞社の学芸部長が仕事の依頼に行ってお金の話をしたら、即刻首根っこを摑んで表に放り出されたという話を聞かされて脅されていましたから、自分もそうならなければいいなと思いながら緊張して面会に臨みました。そうしたら三島の愛鷹山にあったご自宅の玄関先で、和服姿で杖を突いて仁王立ちして待っておられた。

あの姿はいまでも鮮明に脳裏に焼き付いています。

その時私は考えに考えて、小島先生に頼みたいことを一枚の紙にまとめて持参したんです。そうしたらすぐにそれをご覧になって「うん、簡にして要。お引き受けしましょう」とおっしゃったんです。後はタクシーで三島の鰻《うなぎ》屋に連れていかれて、酒盛りでした。あの出会いはいまでも忘れられませんね。

鍵山　あのお店には、私も二度連れていっていただきました。

上甲　たまに鰻を目当てに来る塾生がいると、「鰻塾生！」と言って怒り出されました（笑）。

志の三条件

上甲　小島先生には様々なことを教えていただきましたが、特に自分の生き方に大きな影響を及ぼしたのが「志の三条件」でした。

先生は、志には三つの条件があると。まず一番に、人生のテーマを持つこと。二番目は、生きる原理原則を持つこと。三番目は言行一致だと。

これを初めて伺った時に、そうか人生のテーマかと。それまで自分はたくさんのテーマに取り組んでいると思っていましたが、よく考えてみたら、全部仕事のテーマだったんです。人生のテーマというのは死ぬ瞬間まで追い求めるものですが、仕事のテーマは、仕事を離れると消えてしまいます。それまで忙しい、忙しいと言いながら働いてきましたが、人生のテーマを仕事のテーマにすり替えてしまっていて、自分には人生のテーマがないということに、塾生ではなく、私自身がまず気がついたんです。

鍵山さんを拝見していますと、この三つの条件を備えたしっかりした志をもとに生きていらっしゃいます。鍵山さんの人生のテーマは世の荒みをなくすことですよね。原理原則は凡事徹底です。もちろん言行一致していらっしゃいます。

鍵山さんのような方こそ本当に志のある方だと思った時に、自分も人生のテーマや生きる上での原理原則をしっかり確認しておかなければならないことを痛感させられました。それで、会社を辞めた時に、これからはただ銭儲《ぜにもう》けや生活のためではなく、人生のテーマに基づいて生きていきたいと考えてつくったのが青年塾だったのです。

ですから青年塾は、儲け仕事として考えたことはなく、自分の人生のテーマとしてやってきたわけですが、気がついたらもう十九期で、これまでに千五百人の塾生が学んでくれました。

鍵山　千五百人というと、大変な人数です。

上甲　たった千五百人とも言えます。日本全体の若い人を考えたら、まだまだ死ぬまでやっても追いつかないということで、やっとこれが人生のテーマになりつつあるかなと思っているところです。

人生のテーマというのがなければ、定年を迎えた後、お金はあってもやりたいことがないという寂しい毎日を送ることになるでしょうね。松下電器の私の同期の連中なんか、いろんな制度の恩恵を受けて経済的には皆すごく恵まれているんですよ。ところがやることがなくて困っている人も多い。しかたなく野菜づくりや庭いじりなんかをしているんです（笑）。

私自身も先ほど申し上げたとおり、かつては仕事に追われる中でいつの間にか人生のテーマと仕事のテーマがすり替わってしまって、忙しい、忙しいと言いながら、実は人生のテーマを考えてこなかったことに気づかされて愕然《がくぜん》としました。毎日忙しく走り回っているけれども、その核となるべき志というものがないという人は多いと思います。

鍵山　多いですよ。しかもどんどん増えています。
上甲　これからは高齢化がさらに進んでいくわけですから、年を取って何をするかというのはますます重要なテーマになっていきますね。

老人パワーを役立てるのが真の福祉

上甲　鍵山さんから、世の中の荒みをなくしたいというお話を伺った時には、まさにこれこそ人生のテーマだと思いました。確固たる人生のテーマに取り組んでおられるからこそ、八十歳を超えてますます元気にご活躍なさっているわけですね。
鍵山　だいぶ体力も衰えてまいりましたが、ありがたいことに方々からお声がけいただいています。先日も「広島掃除に学ぶ会」の発足二十周年記念に呼ばれましてね。「次は二十五周年に来てください。飛行機のチケットも用意しますから」と言われたんですが、「いいえ、その時には飛行機よりもっと高い所にいますから」と申し上げておいたんです（笑）。
上甲　先方もお困りになったでしょうが（笑）、鍵山さんにはまだまだお元気でご活躍いただかなければなりません。

いかに必要とされる人間として生きられるかということが、これからの高齢化社会においては極めて重要なテーマではないかと思います。

政経塾ＯＢで民主党の山井和則君なんかは、高齢者福祉に熱心に取り組んでいるのでいつも私は言うんですよ。「高齢者福祉に革命を起こしてほしい」と。「とかく高齢者福祉というと、いかに施設をつくるかとか、デイサービスをどうするかとか、そういう〝お世話をしてあげる〟という域を出ていないような気がする。けれども逆に、老人パワーを世の中のためにどう役立てるかというのが本当の福祉じゃないか」と言って、彼に会うたびに発破《はっぱ》をかけているんですよ。実際、お世話をしてあげるという観点で政策を講じると、お金ばかりかかりますしね。

鍵山　私がいつも掃除に行っている公園の川の向こう側に立派な老人ホームがありましてね。そこは毎週一回おむつを捨てる日があるんです。いつも大きなトラックいっぱいになりましてね、本当に凄まじい量ですよ。あれがみんな老人ホームから出たものかと思うと、ゾッとします。

上甲　施設に依存するお年寄りを増やすことばかりが高齢者福祉ではありません。もちろん体が弱ったり、病気になったりして自分で身の回りのことができなくなった方は別として、元気なお年寄りにはいかに社会参画して、人の役に立つ活動に従事してもらうかということをしっかり考えたほうがいいと思うんです。八十歳を超えてもなお、これほど社会から必要とされている鍵山さんを拝見していると、その思いをさらに強くするんです。

鍵山　いまの世の中を見ると、あらゆるものが劣化していっていますよ。これを放っておくわけにはいかない、このままあの世へ行ってしまったら申し訳ない。なんとかもう少しでもよくしたいと切《せつ》に思いますね。私の力では、壁に小さな穴を開けるくらいのことしかできませんけれども、何もしないでいるよりはいいと思うんです。

第十章

八十五歳で政経塾をつくった松下幸之助の志

松下政経塾出身の政治家諸氏によく言うんです。「あなた方は幸之助さんと握手した写真を随分ポスターに使ったよなと。あの握手は、約束の握手か、それとも利用しただけか。それがいま問われているんだ」と（上甲）。

人材多くして人物なき時代

上甲　私は最近講演などで、松下幸之助が政経塾をつくったのは、八十五歳の時だったということを凄く強調するんです。

当時の入塾期間は五年間でしたから、一期生が卒業する時にはもう九十歳ですよね。当時四十代だった私は、八十五歳の老人がいまから学校を始めるというのは、いくらなんでも無責任じゃないかと思っていたんです。

ところがだんだん自分も年を取ってくるにつれて、これはいや大したもんだなと思い始めたんですよ。もうあれだけ功《こう》成り名遂げてしまえば、さらに有名になりたいとか、お金を儲けたいという気持ちもないはずだと。それでもなお政経塾をつくったのは、やっぱりどこかで、このままではいけないというやむにやまれぬ思いに突き動かされたからに違いない。そんなふうに、松下幸之助の気持ちが年を取るにつれてだんだん分かるような気がしてきたんですよ。

松下幸之助が政経塾をつくった時に何を考えたかというと、二十一世紀の日本のことを考えたはずです。それは自分の死んだ後ですよね。自分の死んだ後の日本のことを本気で考えるというのは凄いことだと。我われは自分の子供や孫のことくらいだったら考えるけれども、自分の死んだ後の日本のことを本気で心配するというのは凄いなと。こういうのを志というのではないかと思ったんです。自分の努力した結果を見届けることはできないけれども、自分がちゃんとやっておいてあげたらきっと後世の人は喜んでくれるだろうと信じてやれるというのは、大したもんだなと思います。

そう考えてみると、自分は前の世代が遺してくれたものを食い潰しているだけではないだろうか。自分の生きている間さえちゃんとやれば、後はどうなろうと構わないというような意識になっていないか。そう思い至って凄く反省をしました。もう一度志を立て直さなければならない、と思いました。

鍵山　松下さんは、おそらく晩年はかなり上層部の人と会う機会が多かったと思います。その人たちの姿を見た時にものすごい危機感を持たれたんだと私は思います。

例えば、この間（平成二十七年）の新国立競技場問題にしても、みんな私は知らなかった、私には決定権がなかったと言い逃れをして、誰も責任を取ろうとしない。松下さんも当時、そういう無責任なリーダーの姿を見てもの凄く危機感を持たれたのだと思うんです。

上甲　そういう意味では、各界のリーダーに本当の人物がいなくなりましたね。人材多くして人物なき時代と言いますか、政治家を見ていても、頭で仕事をする人はたくさんいる。しかし本当の意味での人格、人間性を備えていて、世のため、人のためという視点で行動するリーダーがあまりにも少ないことに、私も非常に危機感を持っています。

特に私は政経塾で政治家を育てる仕事をしてきましたので、よけいに忸怩《じくじ》たるものがあります。あまりにも人物なき時代になってきたこと、社会のリーダーたる者が人々の手本となるような考え方と行動ができなくなってきたことには、強い危機感を覚えています。

きっと松下幸之助に叱られる

上甲　鍵山さんには、政経塾の塾生たちが政治家として立ち上がる時にも随分力になっていただきました。

彼らは、それぞれの立場で真面目に仕事をしているという意味においてはまぁまぁかなとは思うんですが、しかし松下幸之助が願った、新しい日本を創造するという観点からすると、いまひとつ力及ばずというところは否めません。指導する立場にあった自分の力が及ばなかったことにも忸怩たる思いがありますが、この点について鍵山さんの率直なご意見をお聞かせいただけませんか。

鍵山　私が見ていて感じることをひと言で言えば、志が低いということですね。自分のことにばかり目が向いていて、これを外に、社会に、国に向けて、命を懸けて取り組んでほしいというのが私の願いです。よくやっていらっしゃると思うのは数人、残念ながら他の人からはそういうものを感じないですね。それは志というものが低くて、小さいからだと私は思います。

上甲　私は、このままあの世に行ったら、きっと松下幸之助に叱られるのではないかと思っているんです。政経塾から大臣もたくさん出たし、総理大臣まで出すことはできた。けれども日本は大きく変わらなかった。私は政経塾に十四年携わりましたが、当時は政治家をどうして輩出するかということに世間の注目が集まり、私自身もそのことにとらわれてしまって、本当の意味で志というものを植え付けることができなかった。志の集団という点からすると、物足りないなというのが率直な思いであり、無念です。
鍵山　皆さん、人はいいですよ。それは私は否定しません。けれども、自分が議員になったことで満足をしてしまって、そこから出ていない。それぞれに自分の枠をつくって、その中に収まってしまっているように私には映ります。
上甲　ですから大同団結ができないんです。政経塾をやってきていまでも残念でならないのは、大きな志に基づいて大同団結をしようというところにどうしても至らなかったことです。各々が自分の損得の算盤をはじいていて、どうしてもそれを超えられないわけです。
鍵山　せっかく松下さんのご厚意で議員という地位を得たわけですから、だとしたら今度は恩返しを考えるべきだと思います。松下さんや松下電器にはできなくても、国家社会に恩返しをするべきだと思うんです。
上甲　おっしゃるとおりです。ですから私は言うんです。君たちが〝未来株〟の時代は強かった。この連中が日本を動かすようになったら、日本の政治は絶対変わるという期待が集まっている間は、非常に評価が高かった。だから当初は選挙もどんどん通った。たぶん〝現在株〟は、野田佳彦氏が総理大臣になった時でしょう。いよいよ政経塾の出身者が先頭に立って日本を大きく変える本番が来たと思ったのも束の間、いまはもう過去株になりつつある。既に最年長者は還暦になっていて、それほどフレッシュでもなければ、世間の期待感もない。このことを十分に認識すべきで、この時期に大同団結できなければ、政経塾もしょせんそこまで。いまがラストチャンスだと煽るんですけれども、なかなかその煽りは通用しません。

鍵山　残念ですね。政経塾の卒業生の方々には、ここで一堂に会して、松下幸之助さんが望んでいたことは何だったのかということを再認識してもらいたいですね。

上甲　彼らによく言うんです。「あなた方は松下幸之助と握手した写真を随分選挙のポスターなどに使ったよなと。あの握手は、志を果たしていく約束の握手か、それとも選挙に利用しただけか。それがいま問われているんだ」と。

安全圏にとどまるな

上甲　同時に思うことは、志というのは導く立場の人間にもよほどの決意と激しさがなければ、相手の心に火をつけることはできないということです。すべての原因は指導する自分の側にあるというのが率直な思いです。当時の私自身を振り返ってみても、自分の中にそれだけのものがあったのかと自問すると、それは非常に反省すべき点だと思うんです。

鍵山　しかし、皆さんは塾生になってたくさんの恩恵を受けたわけですから、それに対して自分はどういうことをして国家社会にお返ししていくかという報恩の念がなければ、いくら教えたからといってそれはできるものではありません。やはり個人の資質の問題だと思いますね。

例えば、野球でヒットを打ってファーストへ出たとします。アウトになりたくなければ、ファーストにずっと足を付けていればいいわけですけれども、それでは野球として面白くない。やっぱりアウトになる危険を冒してもファーストを離れて、セカンドまで走ることで初めてゲームも成り立つわけです。ところがみんなファーストベースに足を付けたまま立っているというふうにしか見えない。安全圏にとどまっているわけですね。

上甲　この頃では、松下政経塾の出身者が選挙で落選するケースが増えてきています。私はそのことでも非常に危機感があります。政経塾を離れてもう二十年にもなる私がいまさら言うのもおかしいとは思うんですが、なぜ落選するかというと、やっぱり〝過去株〟になってきたからではないか。だからあなた方が、さらに這いつくばって選挙運動をしようとすると、ますます落ちるよと言うんです。その姿はたぶん、非常に卑しい、みすぼらしい姿に見える。こういう時こそ高い志に向かってもう一回自分の気持ちを奮い立たせないと、歴史の中に埋没していくといつも言うんですけれども「そうは言っても」と言われて終わるんです。

そういう意味で自分自身を振り返って、政経塾で十四年一所懸命努力してきたつもりですが、松下幸之助が夢見たような歴史的な役割を果たし切れなかったような気がして、すごく残念な気がしています。

鍵山　これから彼らがどういう決意をして、どういう行動を起こすかということは、私も引き続き見守っていきますけれども、これまでについて言えば、自己満足の世界に浸っているというふうにしか見えないですね。

上甲　根本の志の部分に問題があるということですね。

鍵山　自分の小さな枠から抜け出せないということです。

第十一章

いま必要なのは慈愛をもって人々を幸せにすること

開業医で作家のハンス・カロッサも言っています。ただ同情したり、愛したりするだけなら、相手が何十万人いてもできる。けれども、たった一人の人間も救うことはできないと。ですから、デモで平和、平和だと訴えても、何も変わらない（鍵山）。

失われた公の精神

上甲　日本に人物と呼べるような人が少なくなった背景には、戦後教育の影響もかなりあると思っているんですが、いかがでしょうか。

鍵山　それは言えますね。それから社会制度です。企業で言えば、いまは一部上場企業の社長でも、自分の任期中のことしか考えていない人が多いように思います。もし将来のことを考えていれば、あんなことはしないはずだ、と思うようなことを平気でやってしまうんですね。これでは会社は弱体化するばかりです。表向きは収益が拡大して成長しているように見えたとしても、内情から言えば弱体化していると私は思います。

上甲　そうですね。これは凄く重要な問題だと思います。

私は、日本人の心の原点というのは、やっぱり公《おおやけ》心ではないかと思うんです。その原点の公心、公的精神を失ってしまったリーダーがあまりにも多過ぎる。自分のことしか考えない傾向が強いと思うんですよ。

鍵山　公的精神を失ったというよりは、公と私の間に壁をつくっているのだと私は思います。これは公だ、これは私だと。昔は公と私がほぼ一体化していたんですね。ところがいまは、これがどんどん離れて、間に壁をつくってしまいました。公私の間にいったん壁をつくると、公はどんどん小さくなって、私ばかり肥大化していく。いまはそういう状況だと私は思いますね。

求められる慈愛のリーダーシップ

上甲　先日、阿蘇の幣立《へいたて》神社の五色神祭に行ってまいりました。五年に一回の神事があって、そこで世界平和のメッセージを発信してほしいということで五人の人が選ばれて、私も呼ばれたわけです。

私は与えられた五分間で、『古事記』のお話をさせていただきました。それは裏を返すと、政経塾時代の大きな反省でもあるんです。当時の政経塾は、とにかく政治家を生み出して足下を築くことばかりにウエイトがかかっていて、根本の精神というものを教えられなかったことに対して、内心忸怩たるものがあります。それは日本の心の原点だと思うんです。

『古事記』には国譲りの物語というのがあって、地上世界を治めている大国主命（オオクニヌシノミコト）に、天照大神（アマテラスオオミカミ）が建御雷神（タケミカヅチノカミ）を送って、あなたが治めているこの国を、これからは神の御子が治めますと伝えたんです。その時に「治める」という言葉を「うしはく」と「しらす」と使い分けているのです。すなわち大国主命が「うしはく」、すなわち力をもって国を自分のものにするような統治をしているのを、シラス、すなわち慈愛をもって人々を幸せにする治め方に変えるということで国譲りを求めるわけです。それが日本の天皇制の原点であるわけです。

ですから私は、日本人のリーダーシップというのは「しらす」の精神、すなわち慈愛の心を持って人々を幸せにするというのが根本の精神だとお話ししたんです。日本の天皇家が二千年以上も続いてきたのは、「しらす」の精神を貫いてきたからであって、世界の歴史を見ても「うしはく」で治めようとした権力者はすべて滅んでしまっています。

よく政治家をタカ派、ハト派で区分けするけれども、本当は〝しらす派〟、〝うしはく派〟で区分けしたほうがいいと私は思います。自分の出世や名誉のために政治家になっている人は〝うしはく派〟。慈愛を持って人々を幸せにするために尽力している政治家は〝しらす派〟と。そういう一番根っこのところを、なぜ政経塾の時に教えられなかったのか、と非常に悔しい思いをしているとお話しさせていただいたんです。

鍵山　貴重な示唆を与えられるお話ですね。

上甲　いま、この「しらす」という言葉に非常に凝っておりましてね。慈愛を持って人々を幸せにすることこそが、長続きする一番の方法だと思うんです。

企業だって「しらす」の経営をすることが本当の成長に繋がっていくわけです。要するに慈愛を持ってお得意先も、下請けも、従業員も幸せにしようという経営は、やっぱり長続きするし、経営者が金儲けばかり考えている「うしはく」の経営では早晩行き詰まってしまうことは明らかでしょう。

ですから、私たちはいま一度この日本人本来の心、「しらす」の精神を取り戻さなければなりません。政経塾でなぜそんな大切なことをしっかり教えられなかったのかと、最近残念な思いを募らせているのです。

決意を持った者が立ち上がらなければ

鍵山　そのことでは、上甲さん一人が責任をお感じになる必要はないと思います。そういうことは本来、教えられて身につく類のものではないようにも思いますね。この社会やこの国の現状を見て何かを感じて、自ら使命感を呼び起こすというのが本来の姿ですよ。あなたはこうしなさいと言われてするのでは駄目だと私は思います。

私は最近、塩野七生《しおのななみ》さんの『ローマ亡き後の地中海世界』という本を読み始めたんですが、そこには、平和というのは祈ったり唱えたりして成り立つものではないと書かれていました。秩序を乱す者がいたらただではおかないぞという決意を持った誰かが立たなければ維持できないと。

これはキリスト世界がイスラムから攻められた時の話で、その時はローマ法王とイタリアの一人の豪族が立ち上がってイスラムを排除したんですが、その二人が亡くなった途端にまたやられてしまうんです。

先般、安保法案が成立する時にいろんな騒ぎが起こりましたけれども、平和、平和と唱えたら平和が実現するというものではないですね。そのことを塩野さんの本は示唆していると思いますが、いまはどうも言葉だけで国を治めようとしているように感じられてなりません。
上甲　私は先ほど、人物なき時代と申し上げましたが、これは日本ばかりでなく、世界的に見てもリーダーに人物なき時代になっているのではないかと感じます。
鍵山　それは言えますね。日本も明治維新がうまくいったのは、人物と言えるような人が幕末にたくさんいたからであって、いま日本に明治維新のような大騒動が起きたとしたら、とてもあの時のようにうまくはいかないと思います。
　同じように、いまはどこの国の元首も、自分の国の、しかも自分の任期中のことばかり考えてやっているようなところがありますから、これではなかなか世界はよくならないでしょう。
上甲　そういう意味では、世界が大きな曲がり角に差しかかっていることは事実ですね。
　こういう時によく思い出すのが三浦光世さんの言葉です。「人類愛は簡単です。けれども隣人愛は難しい」と。私ははじめ、ピンとこなかったんです。けれどもよく考えると、人類愛は抽象的な概念だから、誰もが簡単に言えるんですよね。しかし自分のすぐ隣にいる人はなかなか愛せない（笑）。人類愛は、実は隣人愛から始まるんだということを理解しないと、結局口先ばかりで終わってしまうんですね。

鍵山　同じようなことをドイツの開業医で作家のハンス・カロッサも言っています。ただ同情したり、愛したりするだけなら、相手が何十万人いてもできる。けれども、たった一人の人間も救うことはできないと。ですから、デモで平和、平和だと訴えても、何も変わらないわけです。

上甲　口先ばかりでは駄目だということですね。いまの政治家の政策を見ても、一通りの言葉が全部並んでいます。人の幸せとか、世界平和とか。けれども全く伝わってこない、響かないのですよね。

鍵山　伝わりませんし、むしろその言葉と反対の方向に進んでいますよ、世の中は。

例えば、貧困に苦しむ子供たちがどんどん増えています。私が掃除をしに行った愛知県の定時制高校では、学校の給食しか食事の機会がないという生徒がいるんです。家ではろくに食事の面倒も見てもらえないので、給食を食べるために学校に行っているんだと。そんな子供が珍しくないというんです。

上甲　何が豊かで、何が貧しいかということを、もう一度根本的に考え直さなければなりませんね。

いまの食事では国が滅ぶ

上甲　食事と言えば、私は青年塾で毎回、全塾生に一週間の食事調査というのをやっているんですが、結果を見たら酷いものです。彼らは全員、企業では中堅クラスの一番働き盛りの人たちです。ところが彼らの食生活の実態を見たら、まず長生きできないようなものばかりです。あれでは体が持ちません。

鍵山　皆さんはどんなものを食べていらっしゃるのですか。

上甲　まず朝食を食べていない人が多いですね。食べても菓子パンやサプリメントの類です。簡単に手を伸ばして買えるものばかりで、ご飯と味噌汁なんてまず出てきません。そして昼はコンビニの弁当。夜は仕事で遅くなるから夕食を摂るのはようやく九時、十時になってからで、そうするとどうしても簡単なものになってしまう。そして翌朝もろくに食べない。一度ご覧になれば、このままでは国が滅ぶぞと思うくらい酷いものですよ。

鍵山　確かにそれは心配です。

上甲　我われはまずこの現実を踏まえて、少しずつこれを変えていこうということで、これも研修の一つとして取り組んでいるんです。まずは命あっての物種《ものだね》だという根本を理解しなければなりません。仕事、仕事と言うけれども、仕事よりもっと大事なものがある。それは命だという認識がなさすぎるので、まずそこから見直していかなければならない。でなければ、まず長生きできません。ほとんどの人が生活習慣病の予備軍です。

同時に、経営者はもっと社員の健康と食生活に目を向けるべきだと言い続けています。「一度社員の食事調査をやってみてください。医療費よりも、もう少し社員の健康にお金を使うべきです。まず、そんなに遅くまで食事もしない状態で残業をさせていたら駄目ですよ」と。

とにかく、お腹を膨らませるということはやるんですが、自分の命をつくっているんだという観点で食事をしている人があまりにも少ない。これには凄く危機感を抱いています。国の足元が危うくなっていると思います。

鍵山　こういう問題は、結果がはっきり現れた時には、どうしようもない状態になっている可能性が高いですからね。

上甲　また、いまの若い人に精神的に病んでいる人が多いことも大きな問題です。命と健康の問題は、国づくりの重要な要素として真剣に考える必要があります。経営者もそうです。業績を上げることも大事だけれども、あなた方がまずしっかりと命を大切にしてくださいと。そういう基本を踏まえておかないと、経営もきっとおかしくなるだろうと思うんです。

第十二章

あちらこちらから人間の悲鳴が聞こえてくる

売上とか利益とかいうものの前に、お客様に喜ばれ、社会に貢献し、得意先にも喜ばれ、協力会社にも喜ばれるような仕事をすること。そういう精神をまず取り戻していくべきだと思うんです。それをやらないで、先に業績を取り戻すことばかり考えていると、どうしても社員にしわ寄せがきてしまう（上甲）。

松下幸之助が書いた「素直」の真意

上甲　最近私は、松下幸之助の言っていたことが手に取るように分かるような気がしてきました。はじめは自分も偉くなったかと思ったんですが（笑）、どうもそうではないみたいなんです。

私が松下電器に入社した時の松下幸之助の年齢は七十歳でした。ほぼいまの私の年齢です。七十歳の老人が言っていたことを、当時二十代の青年だった私は本当のところは分からなかったようが気がするんです。

七十歳を富士山の七合目とすれば、二十歳は二合目で、二合目を歩いている人に七合目の景色を見ながらどんなに説教してもピンとはこないでしょう。七合目まで登ってみて初めて、あぁあの時こんなことを言っていたのかと分かるようになる。やっぱり年を取るというのはそういう意味でのよさがあることに気づいたんです。七十歳の人が言っていることの意味は、七十年の人生経験を通じて初めて分かってくるような気がするんです。

ですから、自分はもう松下幸之助の本を卒業したと思うのではなく、これからもう一度読み返してみると、これまで分からなかったことや、受け止め方の浅かったことがすごくよく分かってくる気がするんです。

一番典型的なのが、「素直」という言葉です。松下幸之助はしばしばこの「素直」という言葉を色紙に書いていましたが、若い頃の私は非常に抵抗があったんです。経営者に「素直」って言われると、「俺の言うことを黙って聞け」と言われているような気もしましたし（笑）、何か陳腐な言葉だなと思っていたんです。

しかし、本当はもっと深い意味が込められていることがだんだん分かってきました。世の中のすべてをあるがままに受け入れること、人の言うことに対しての素直ではなくて、真理に素直になる。真理に素直に従って生きていけば、物事は必ずうまくいくという意味ではないかと思うんです。素直というのはすごく意味があるということが、この頃やっと分かるようになってきました。同時に、松下幸之助が八十五歳で政経塾をつくった意味もいま頃はっきり分かってきたんです。遅いですね。

先日、料理研究家の辰巳芳子《たつみよしこ》さんとそういうお話をしていたら、「そうなんですよ。八十になってやっと大事なこと、本当のことが分かるようになるんです」とおっしゃっていました。若い頃は我欲が強くて、我欲によって真理から遠ざかっているけれども、七十歳、八十歳になってくると、もっと金儲けしたいとか、もっと美味いものを食べたいとか、もっと出世したいとか、そういう我欲が極端に小さくなってくる。そうすると自ずと物事の真理が見えてくるように思います。

このままでは孫の世代が幸せになれない

上甲　鍵山さんも八十を超えられましたけれども、ここまで年齢を重ねてこられたいま、どのようなことをお考えになっているのか。心の内を少しお聞かせいただけませんか。

鍵山　私の両親は二人とも、粗暴粗野《そぼうそや》、乱雑であることを嫌いました。嫌うというより、恐れるくらいでした。そういう中で育ったものですから、私たち兄弟も皆荒れたことが嫌いで、そういうことはなるべく避けてきました。

ただ私は、避けているだけでは駄目だと。これを改めなければいけないと思ったわけです。放っておいて自分だけ避けたって、避けきれるものではない。やっぱり世の中全体が穏やかで、落ち着いた状態にならなければ、決して自分も穏やかにはなれないと思うようになったのです。その思いが会社の創業にも繋がり、創業しても売り上げより、仕事を通じて人の心の荒みをなくしていくことを優先してきたわけです。

人から理解されずに、嘲笑される時期が続きましたけれども、それでも私は、世の中をこのままにしてはおけない、放っておいたらもっと悪くなると危惧して自分なりの取り組みを続けてきました。

しかし残念ながら、私の意に反して世の中は悪くなる一方です。このままでは、私の孫の世代は決して幸せに生きることはできません。私はそう断言します。

この現状を改めるためには、誰か気づいた人が改めようという決意を持たなければなりません。それは、先ほどご紹介した塩野七生さんの本の言葉にもあるように、ただ改めようと思っているだけでは駄目で、やっぱり行動に移すしかありません。私の掃除の実践も、そういう思いのもとに続けているわけです。

ところが私たちが学校でトイレ掃除の運動を進めていくと、匿名の怪文書を私のところによこしてきたり、掃除をやったために家庭が崩壊したといった根も葉もないことを並べ立てて、反対する人がいるんです。電話もかかってきます。名前を聞いても言わないし、逆探知されないように、少し話をすると場所を変えて、何度もしつこく電話をかけてくる。

私は、そんなことをする人がいる限りは、絶対にこの世の中はよくならない。掃除の運動をやり通して、そういう人がいなくなるようにしなければいけないと思っております。

グローバルという考え方の問題点

上甲　どうして世の中は、そういうふうに悪くなってきていると思われますか。

鍵山　小泉内閣の時にある人が、グローバルという考え方を持ってきましたね。それはある意味では確かに正しいんですけれども、しかしそのために、物事を短期的にしか見ない風潮が蔓延してしまいました。

企業も三か月毎に利益を出さなければいけなくなって、そうすると経営者の視野も狭くなってくるんです。社員もそういう経営者の期待に応えるように仕事をするわけですから、そうなると将来のこととか、周囲のこととか、人の繋がりとか、そういうことをもう言っておられなくなってしまう。きょうどれくらい利益を出したかということがすべてになってしまった。こういう風潮を根本的に改めなければ、世の中は絶対によくならないと私は思います。日本には日本流のやり方があってもいいと思います。

上甲　私は年に一回、松下電器に同期入社した仲間と温泉旅行をするんですけれども、この頃はいつも「俺たちがいた時代は、会社を辞める時に『いい会社に勤めた』と皆言っていたよな」という話になるんです。それは別に出世したからでもなくて、一般の社員も、社員の家族も言っていた。けれども最近は言わなくなったのはなぜだろう、と。

あの頃よりは、いまのほうが遙かに売り上げも、知名度も上がってきたけれども、確かに最近は「いい会社に勤めたな」とは言わなくなりました。それは結局、会社の業績回復のためにやったあらゆる改革が、従業員にとってはすべて身を切られるようなことばかりだったからです。一万人の大リストラをやった時も、経済誌では美談になったけれども、社員にしてみれば明日クビになるかもしれないという不安しかなかった。あるいは、それまで営々とやってきた事業が、不採算事業ということで売却される。そこで何十年も一所懸命やってきた人が、その事業とともにある日別の会社に売られる。そういうことをひとつひとつ経験していくうちに、いい会社とは言えなくなってきたわけですね。

　ですから私は、これまでずっと業績回復を中心に経営が行われてきたけれども、本当に回復しなければならないのは精神、心ではないか。松下電器における松下精神、これを取り戻さなければならないと思うのです。

　その精神とは何かというと、売上とか利益とかいうものの前に、お客様に喜ばれ、社会に貢献し、得意先にも喜ばれ、協力会社にも喜ばれるような仕事をすること。そういう精神をまず取り戻していくべきだと思うんです。それをやらないで、先に業績を取り戻すことばかり考えていると、どうしても社員にしわ寄せがきてしまって、社員がいい会社とは思わなくなるわけですね。

　いまの世の中を見ると、あまりにもそれに類似したことが多いのではないかという気がしてなりません。業績回復中心の考え方が持てはやされる傾向が強いけれども、あちこちから人間の悲鳴が聞こえてきているような感じがするんです。

不幸せな生き方を幸せな生き方に

鍵山　そのとおりだと思います。この現状を変えていくためには、いまの社会制度そのものを根本的に変えていく必要があります。日本は日本で、独自の生き方を追求していくべきだと私は思うのです。

日本には本来、物事を長期的に考えたり、周りに配慮するといった尊い美徳があったのですが、それが失われたために皆がイライラしているんです。隣近所の付き合いもなくなってきて、地域社会が壊れることによって犯罪も増えていくんです。

昔は地域社会の繋がりが密接で、皆で犯罪を起こさないように守っていましたけれども、いまは隣で悲鳴が聞こえたって誰も気に留めない。「そういえば、何か聞こえていましたね」というくらい無関心になってしまいました。これではいくら経済的に豊かになったとしても、日本の国は幸せにはなれません。不幸せな豊かさだと思います。これを幸せな豊かさに変えていかなければならないと思うのです。

上甲　私は、便利と幸せは違うということを認識する必要があると思います。いまの社会は便利ばかりを求めています。より便利に、より便利にと。しかし、便利と幸せはイコールではないということにまず気がつかないと、どんどん便利にはなるけれども、不幸になっていくという逆連鎖に陥っていくように思うんです。

鍵山　自由というのが持てはやされますよね。ところが自由は怖いものでしてね。イギリスの哲学者であるジョン・スチュアート・ミルは、「自由を求めれば求めるほど不自由になる」と言っています。

北アフリカを見てください。リビア、チュニジアあたりは一時期自由、自由って盛んに叫んでいましたよ。その結果、権力者を倒したけれども、治安が悪化して自分の国に住めなくなってしまいました。自由を求めたために不自由になったという典型例です。

いまの日本もあの北アフリカほどではないにしても、着実にその方向に向かっていますす。いまのうちにこれを改めなければ、あるところを過ぎるともう後には戻れなくなる恐れがあります。

上甲　戦後の貧しさを知っている人がおられる間は、まだ歯止めが利いていたと思うんです。けれども、もうしばらくすれば、日本もついにはじめから豊かな時代しか知らない人たちの社会になってしまいます。そうなるとちょっと救いがたい領域に入っていってしまう恐れがありますね。

鍵山　かつて田中角栄が、いまの日本はまだ戦争を知っている人がいるからいいけれども、いなくなってしまったら恐ろしいということを言ったらしいですね。まさにそのとおりだと私も思います。

上甲　二十代の若い人と話をしていて愕然《がくぜん》とするのは、彼らにとっては応仁の乱も第二次世界大戦も同じ遠い過去の戦争なのですね。そういう悲惨な体験を誰もがしていない時代に確実に移ってきているわけですね。

第十三章

無責任な若者に主人公意識を植え付ける

世の中を変えようというんですから、目標は大きいですよ。だけどやることは、足元の小さなことから。これしかないと思うんです（鍵山）。

先生が変わらなければ教育は変わらない

上甲　鍵山さんはこうした現状を打開するために、具体的にどんな活動をしていこうとお考えですか。

鍵山　私にできることは限られていますけれども、これまで続けてきた掃除の実践に加えて、学校の先生が子供に教える時の姿勢を少しでもよくしてもらいたいということで、「教師塾」というのを年四回やっているんです。

会場は靖國神社であったり、沖縄であったり、伊勢であったりするんですけれども、初めて靖國神社に行った先生方は、「これまで聞いていたのと全然違いますね」と口々におっしゃっていました。「靖國神社というのは軍国主義の巣窟《そうくつ》のような神社だと思っていたけれども、こんなに穏やかで神聖な場所だということが、来てみて初めて分かりました」と。

いまはそういう先生たちが子供たちに教えているわけです。参加した人はまだいいですよ。一度も足を運ぶことなく、偏見を抱いたまま教壇に立っている先生が大勢いるわけですから、恐ろしいですね。ですから私は、まず先生を変えることが大事だと思って「教師塾」を始めたわけです。

「教師塾」では、まずトイレ掃除をしてもらうんです。靖國神社では境内の掃除もしてもらいますし、参拝もしてもらいます。全員ちゃんと国旗を揚げて、君が代も斉唱してもらいます。日教組の先生もいますけれども、逃げる人はいません。

とにかく先生に変わってもらわないと、教育は恐ろしいことになると思っているんです。

上甲　そうした指導のできる人がだんだんと減ってきましたね。

鍵山　そうですね。残念ながら五十代の先生がよくないです。給料さえもらえればいい、このまま何もせずに年金をもらえる年までいられればいい。そんな人がとても多いのです。何もしないだけならまだましなんですよ。ところが、次の世代が何かやろうとすると、ことごとく妨害するんです。恐ろしい世界です。

若者だけではなく年寄りにも問題あり

上甲　そういう意味では、私のような七十代と、私より上の八十代、九十代。そこに大きな時代的な溝があるという気がするんです。私自身は凄く反省しています。それを克服する努力を随分したつもりではいるんですけれどもね。

いまは亡き、京都大学の会田雄次先生が、私の学生時代に繰り返し、「君たちがこの日本の中心になる時が心配でたまらんのや」とおっしゃっていました。なぜならば、君たちが受けた教育に問題がある。こういう教育を受けた人が社会の中心になり、さらには長老的な立場に立った時に、この国の先行きが心配だと。

その時は私も若かったので、放っておいてくれと。年寄りはすぐそんな言い方をすると反発を覚えるばかりだったのですが、その会田先生の言葉がこの頃何度も耳に甦ってきます。いまさらながら会田先生の慧眼《けいがん》に愕然とするんです。

その教育の問題とは何か。会田先生は、君たちに教えられなかったものが三つあるとおっしゃっていましてね。一つは歴史だと。日本の国に対する誇りを持つ歴史教育を受けていないと。まさにそのとおりだと思うんです。

私たちは戦争直後、アメリカの占領下にあった時代に学校に行っていますけれども、その頃唯一の楽しみだったのが学校の運動場で上映されていた映画で、そこでは日本兵は本当にみすぼらしくて、アメリカ兵は格好よく出てくるんですね。当時の子供たちはいつもそれを観ながら、日本は悪い国だということを教育されたわけです。

二番目は、道徳教育がなされていないこと。当時、道徳教育なんかやるとなったら、先生方の組合から大変な突き上げを喰らって、道徳という言葉を使うことすらできない状態でした。

そして三番目が、宗教教育を受けていないこと。すなわち、人間を超える偉大な存在に対する畏敬の念を教わっていない。

この三つを教育されていない人が大人になったら、金儲けに走るしかないという会田先生の言葉が、いまありありと甦ってくるわけです。

鍵山　まさしく慧眼です。

上甲　そういう教育を受けた我われの世代がもう七十代になっているわけですが、概して昔の年配の方々のような長老的な重みがなくて、ただ単にくたびれた老人でしかないわけです。昔は各地域に長老と呼べるような存在があって、何かもめ事があればちょっと相談にいこうというようなことをよく言っていたと思うんです。けれどもいまの老人にそういう風格がないのは、受けてきた教育と深く関係しているのではないかと思うんです。

鍵山　大いに関係があると思いますね。
上甲　そういう我われの世代が育てた子供の中から、いわゆるクレーマーとか、モンスター・ペアレントなどと呼ばれるような、常軌を逸した行動に走る人が続出してきているわけで、私はそこに私たちの世代責任というものが凄くあると考えるのです。ですから我われは、自分たちが教えられなかった三つをしっかり勉強し直して、各々がどうあるべきかを考え、その上に立って後世に託すべきものを伝承していく。そういう努力をしていかなければならないと実感しています。
　よく、いま時の若者はという批判があがるけれども、むしろいま時の年寄りのほうにこそ問題があると私は思うわけです。

悪の連鎖を断ち切る

上甲　鍵山さんは、ご自分が若い頃に教えられたことと、ご自分の下の世代が教えられたこととの間のギャップについて、何か問題をお感じになりませんか。
鍵山　確かに、昔の人は年を取っているというだけで何となく威厳を感じましたね。

ですからガミガミ言われなくても、ちょっとしたひと言でも心に響いたわけです。ところがいまの年配者には、ほとんどそういうことが感じられません。それはやっぱり、その人の生き方が威厳とか権威というものを発散していないと思うんです。ですからだんだん世の中の邪魔者になってしまうわけです。これでは駄目で、いっぺんに変えることは難しくても、せめてそういうことに気づいた人から、小さいことから変えていくことが重要ですね。

例えば、私が学校の先生を集めて掃除をする時、よく自動販売機の脇にある空き容器入れの蓋を開けるんです。中には、そこに捨ててはいけないものがたくさん入っているので、私はそれを選り出して空き容器だけにしておくんです。

それを見たある先生が、「なぜそういうことをするんですか？」と質問したので、私は次のように説明しました。

「あなたがこの空き容器を回収する仕事をしているとして、蓋を開けた時に空き容器以外のものがいろいろ入っていたらムッとしませんか？　するとそのムッとした気持ちを誰かにぶつけてしまうかもしれません。一人がムッとすると、その人からそのムッとした気持ちが連鎖していきます。それによって、世の中が悪くなっていくのです。

そうなる前に、私がここで余計なものを選り出しておけば、空き容器を回収に来た方が『あぁ、誰かがきれいにしておいてくれたのだな』と嬉しい気持ちになる。今度はそのいい気持ちが人に伝わって、連鎖していくと思います。ですから私は、ここで悪の連鎖を断ち切るために余計なものを選り出しているんです。とても大切なことだと考えてやっているんですよ」

するると先生は、「よく分かりました。自分はこれまで、そういうことにほとんど思い至らないまま教育に携わってきました。今後はそういう気持ちを持って授業にも臨んでいきます」と言ってくださったんです。

「どうせ」ではなく「せめて私が」と考える

上甲　世の中に対して大きく問題意識を持つのはいいにしても、やれ政治が悪いとか、社会が悪いというふうな、ただの論評で終わってしまうのはよくありませんね。実践家として自分の足元から行動を起こしていくことこそが、我われの世代の重要な役割だと痛感しています。

鍵山　世の中を変えようというんですから、目標は大きいですよ。だけどやることは、足元の小さなことから。これしかないと思うんです。

上甲　そうですよね。青年塾も、まさにそういう思いでやっていますから、いつも塾生たちにこう言うんです。「世の中を救う」と思うとどうしても無力感に陥るし、権力がほしくなる。しかし、「世の救いとなる」という視点に立てば、この瞬間からやることがあるんじゃないかと。合言葉は、「どうせ」と考えるな、「せめて私が」「せめて私一人ぐらいは」という気持ちになろう。誰もやらないなら、せめて私ぐらいはやろうというのが世の救いだと。「救う」のではなく、「救いとなれ」ということを繰り返し繰り返し言うんですよ。

鍵山　これまでに青年塾で学んだ千五百人の方が、日本各地でそういう意識に基づいて活動を始めたら、これは大きいですよ。

上甲　そうですよね、本当にそう思っています。

最近は青年塾を卒業後に、父親の会社を引き継いで社長になる人が増えてきました。私はこの人たちに集まってもらって二か月に一回勉強会を始めました。教えっぱなしにしたくないという思いと、現実に社長という立場になって、まずあなたの会社からよくしようと。会社をよくすることによって、そこの社員さんがよくなるし、取引先にもそのよい影響は及んでいきますから波及効果が大きいんです。

実際には、社長のバトンを受けても経営者としてはまだまだこれからの人がたくさんいます。私はそういう人に向かって、「社長の息子であるという以外にあなたには特徴も実態もないと思え。自ら努力して先代の社長にはない強味を持て」と発破をかけているんです。

やっぱり次の世代の経営者に志のある人を増やしていくことが、私にできる実践かなと思い定めて、いま一所懸命やっているところです。

鍵山　価値のある取り組みですね。自分一人が実践するだけでなく、そういう考えの人を世の中に一人でも多くつくっていくというのは、とても大事なことだと思います。

上甲　そういう広がりができてくれば、荒んだ世の中も少しずつ明るくなってくることは確かだと思うんです。

鍵山　はい、必ず変わってきます。これまで悪いほうに変わったわけですから、よいほうにも変わらないはずがないんです。まずできることから手がけていくことが大事だと思います。

上甲　そうですよね。ですから塾生には、批評ばかりしていては始まらないとも言うんです。特に政治の批評を始めると、皆いろんなことが言えるわけですけどね。

責任をきちんと取る人は醸し出す雰囲気が違う

鍵山　政治と言えば、議員の削減という議案がこれまで何度も出てきましたね。けれども現実には一向に削減できない。できないのではなく、やらないんですね。人数が多いままですから相変わらず質が悪い。もっと人を減らせば質も高くなると思うんですけれども。

上甲　いまの枠組みで、甘い汁というと言葉が悪いですけれども、その利益を享受している人が圧倒的に多くて、その人たちはできるだけその既得権益《きとくけんえき》を手放したくない、というのが世の中の基本構造のようですね。

鍵山　要するに、変えたくないわけです。

上甲　おっしゃるとおりです。この構造が世の中全体を覆っていますよね。もし本当に食べるものが食べられない時代だったら、皆怒りを抱くと思うんですけれども、いまはある意味で怒りがない時代ですから。

鍵山　そうですね。そしていまは無責任な時代ですね。先般の新国立競技場問題などを見ても、皆いかに自分には責任がなかったかという言い訳を滔々《とうとう》としていましたね。まぁ酷いものでした。

上甲　責任を取るという気持ちがあると、その人から醸し出される雰囲気は変わってきますよね。

鍵山　それはもう全然違います。

上甲　私が政経塾に勤務していた頃、役員会というと出席するのは錚々《そうそう》たるメンバーで、皆怖い人ばかりでした。いまは自分が年を取ったというのもありますけれども、ああいう怖さと迫力を持った人がいなくなったなというのをしみじみと感じるんです。

鍵山　それは確かに言えますね。

従順だが迫力に欠ける若者

上甲　ここまでの話と深く関係すると思うのですが、私が青年塾で一番苦慮してきたのは、生きる基本をどう教えるかということでした。参加者はみんな学校をちゃんと出ているし、企業にも属しているけれども、一番大事な人間教育がなかなかできていないですよね。ですからどうしても無責任になってくるんです。

例えば、会社からお金を出してもらって青年塾で勉強させてもらったはいいけれども、終わった途端に平気で会社を辞める人がいる。私はそういうのには本当に腹が立ちます。こういうのを恩知らずと言うんだと。そういう恩知らずなことをやっている限り、絶対に君の人生は開けないと諭すんです。

結局、これまでそういうことを厳しく教えてくれる人がいなかったわけです。「自分のやりたいことが見つかったら辞めます」と言う。親も周りの人も「それはいいことだ」と賛成する。とんでもないことです。会社の恩を受けたのだから、返すものを返してから辞めろと、私は言います。青年塾は、人から何と言われようと、言うべきことを言う、教えるべきことを教える。私はそういう覚悟を持って塾生と向き合っているんです。

鍵山　とにかくいまは無責任な時代ですね。総無責任です。

上甲　私はそのことを踏まえて、青年塾で主人公意識というのを強く教えています。

主人公意識というのは自分の意思でやるということです。人に言われてやることは、どんないいことでもなかなか思いがこもらないし、無責任にもなってしまいがちです。

北海道の研修でバーベキューパーティーをやった時に、塾のOBが肉をたくさん差し入れてくれました。肉の入った発泡スチロールを持つと、もの凄く重たいんです。たまたま通りかかった塾生に、「すまないが、これを一時間持ってくれないか？」と言ったら、「こんな重たいもの一時間も持たされたら、虐待ですよ」と言うので、「じゃあ、これを全部君にあげるというならどうだ？」と言ったら「こんなにたくさんもらっていいんですか」と満面の笑みに変わりました。

持っているものは全く変わらないけれども、気持ちが変われば喜びに変わるわけです。やらされていると思ってやったらすべて重荷。やりたいと思ってやったらすべて喜びに変わるんです。

そういう話をしながら主人公意識、与えない教育というのを徹底してやっています。いまの若い人は、言われたことは従順にやるけれども、自分で考えて自分でやるというのが非常に苦手です。ですからそれを徹底的にやらせてみて、達成した時の喜びを感じさせる。小さな達成感を繰り返し、繰り返し重ねていったら、やがて私もできるという自信になるんだと説いて、主人公意識を植え付けようとしています。

どうもいまの人は全体的に、言われたことには非常に従順なんですけれども、何となく人間的な迫力に欠ける傾向があるようで気になっています。

鍵山　私もそれは感じています。

例えば駅でも空港でも、うるさいくらいに丁寧に案内の放送をしていますね。もうじき出発しますが、誰々さんはまだ搭乗していません云々と呼び歩いたりしていますが、あそこまでやるのは日本だけですよ。他所《よそ》の国の飛行機でしたら、時間までに乗らなければ飛んでいってしまいますからね。

そういうことがだんだん過剰になって、例えば災害で家が壊れたことまで行政の責任と言い立てたりしますが、昔はそういうことはしませんでした。私のかつての家は戦争ですべて失われましたけれども、一円の補償もありませんでした。昔はしょうがない、運が悪かったと、辛いことだけれども受け入れて、だからまた自分の足で立ち上がったんです。いまは補償があり過ぎて自立できていないのだと私は思います。

上甲　日本の世の中全体がそうですよね。かなり過保護になっています。

第十四章

命をキーワードにした国づくりに取り組む

命の国づくりには、摩擦がありません。軍事大国にも経済大国にも摩擦があるけれども、命大国には摩擦がない。ですから、命をキーワードとする国づくりに取り組んでいく。そういう自覚と実行力を備えた人を一人でも多く育てていくことこそが、これからの国づくりの原点ではないか（上甲）。

いまの日本の建築物は百年後も称賛されるか

上甲　ここからは日本の未来に目を向けてお話を伺いたいと思いますけれども、鍵山さんはこれからの日本にどのようなことを託したいとお考えですか。

鍵山　幕末、明治の頃に日本を訪れた外国人は口々に、日本人というのは貧しいけれども素晴らしい国民だと絶賛しています。私たちはそういう素晴らしい先輩、祖先を持っていることをいま一度思い起こして、そういう立派な生き方を目指してもらいたいと思います。いまのままではどんどん軽蔑される民族になっていくことは明らかで、私はそれが心配でなりません。

上甲　この頃は来日客が増えて、爆買いによって目先が潤っている面はありますけれども、私が非常に残念なのは、あまりにも外国人におもねり過ぎて、卑しい商売をしているように見えてしかたがないことです。これは国にとっては結果的に大きなマイナスになるのではないかと感じるんです。

鍵山　そうですね。観光客が増えて喜んでいますけれども、一部の人々の無節操な、無礼な行為によって大迷惑をしている方々も一方ではたくさんいるわけですね。いいことばかりではないにもかかわらず、売り上げが上がった、ものが売れたという表面的なことだけを捉えて評価してはいけないと私は思います。

上甲　しかし、いまは全体的にそういう方向に流れていますよね。

鍵山　そうですね。ですから京都はホテル代もものすごく上がりましたね。いくら上げても訪日客が来るからですけれども、やがてあれがひっくり返ったら大変だと思います。

上甲　安売りもそうですが、お店の看板ひとつ見ても、これが日本の店かというくらいに外国人におもねっていて、ちょっと行き過ぎではないかという印象が強いですね。

鍵山　いまの世の中は、お盆の上に豆がたくさん載っているようなもので、お盆が傾けば一斉に下に落ちていきます。昔は、例えお盆が傾いても、ひとつでも二つでも踏みとどまって、困難ではあるけれども上にのぼっていこうという人がいました。また、みんなが上昇志向の時に自分だけは下を見て、誰にも知られないところで根をしっかり養う努力をするような人もたくさんいました。それは例えば優れた工芸品ですとか、いろんなものになって残っていますけれども、いまのような状態では、今後そういう日本人の誇りになるような優れたものは残らないだろうという気がします。

例えば、いま造られている建築物で、百年後にも残って人々から称賛されるようなものがどのくらいあるでしょうか。五百年後となるとさらに厳しいと思うんです。工芸品も、例えばこれまで漆を二十回塗っていたのが、十回でも分からないじゃないかといった誤魔化しや、妥協に流されるようになってきてはいないでしょうか。誰も見ていなくても必ず二十回塗るという尊い民族性が、今後も堅持されていくことを私は願ってやみません。

安さ、便利さだけでなく尊い技を継承していく気持ちが大切

上甲　鍵山さんはこの頃、木工芸の人間国宝である川北良造《かわきたりょうぞう》さんをお訪ねになっているようですが、ああいう方は古きよき日本人の心というのを堅持されていますね。

鍵山　素晴らしい方です。あの方の作品が大変な手間暇をかけてつくられていることを思うと、私は必要なくても買ったりするんです。私はただものがほしくて買っているのではない。誰かが買わなければ、この尊い技が途絶えてしまうことを危惧するんです。

上甲　川北さんが手がけておられる山中漆器は、私が二十年前に初めて生産地の加賀に行った頃にはほとんど中国に注文を持っていかれて非常に疲弊していました。安いものを求めて工場がこぞって中国に行ってしまったために、産地がほとんど成り立たない状態になっていたのを見かねて、私は青年塾の卒業式で手渡す盾をつくっていただくことにしたんです。あれから十九年たって、累計で千五百枚つくっていただいたわけですが、長年制作の依頼を続けていますと、産地の大きな心の励みになっているとおっしゃっていただけます。

鍵山　あの盾を一枚つくるのにいろんな人の手が要るようですしね。

上甲　そうなんです。ですから私は、例えば現地の小学校は卒業証書を普通の紙ではなく、山中塗にするとか、いろいろ知恵を絞ったら、また違った意味で産地も元気になっていくのではないかと提案をさせていただいているんです。なかなか簡単にはいかないんですけれども、まずそういうふうにして皆が育てていこうという気持ちがなければ、尊い技も継承されていきません。ただ安さ、便利さばかりを求める風潮の中で失われてしまいます。

鍵山　そこは大切な視点ですね。

上甲　ちなみに以前聞いた話ですが、人間国宝になるような人は、家が貧しくて、人間的に優しい人が大半だというんです。皆さん本当にお人柄が優しくて、傲慢な人が一人もいないらしい。なるほど人間国宝というのは、単に腕が国宝級というだけではなく、人間性が国宝級だということなんですね。作業場にはお金をかけても、自分の家にはお金をかけない。さすが一流の人間とはこういう人たちのことを言うのだなと感じ入ったものです。

立ち直りの早い人と遅い人

上甲　いまの人間性や生きる姿勢の話とも少し関連するのですが、最近、青年塾で危機管理について教えていることの一つに、こういうのがあるんです。

先般の東日本大震災のような悲惨な出来事に遭遇した後、立ち直りの早い人と遅い人がいる。どういう人が立ち直りが早いか、被災地に何度も足を運んでいるうちに分かってきたことがあるのです。

立ち直りの早い人のまず第一は、志のある人です。例えば同じパン屋さんでも、自分の生活のためだけにパン屋さんをやっている人は、補助金がもらえる間は再開しようとは思わない。ところが、地域に役立ちたいという思いでやっている人は、一刻も早くパン屋を再開しないと地域の人が困ってしまうと考えて早く再開しようとするんです。ですからまず、立ち直りが早い人の第一は、志のある人、使命感を持っている人だと言うんですね。

もう一つ、孤独な人は遅いということ。仲間がいて、本当の絆で結ばれていて、いろんな人から励ましてもらえる人は、やっぱり立ち直りが早いというんですよ。

ですから、人生の危機管理には二つのポイントがあると私は思うんです。それは志と絆です。我田引水《がでんいんすい》ですけれども、それを横文字にしたら「志ネットワーク」だと言っているんです（笑）。

鍵山　そのいい例が、イエローハットの代理店を東北で展開していらっしゃるホットマンの伊藤信幸社長だと思います。伊藤社長のところは、東日本大震災の時に石巻のお店が全滅しました。しかし、大勢の仲間が集まってあっと言う間にお店をきれいに直してしまいました。ところがすぐ近くのライバル店はそれができなくて、随分と営業再開が遅れました。まさしく絆があったかどうかの違いだったと言えます。またライバル店は津波に襲われた時に、お客様を店内に残したまま、従業員が先に逃げてしまったことも、地域社会の支持を失った原因となりました。

命の大国・日本を目指そう

上甲　これからの時代を考える際に、一つのポイントになるのが欲望だと思います。人間の欲望とともに世の中は変わっていく、と私は青年塾で言い続けています。技術や経済で変わるのではなく、人間の欲望がどう変化していくかというのが、時代を見る時の大事なポイントではないかと思うのです。

そして二十一世紀に一番大事だと思うのは、命だと私は思います。いまは経済的にも物質的にも豊かになったけれども、命という観点から見たら極めて危険な状況にあります。どんなにお金儲けをしても、命がなくなったらすべては台なしになります。ですから私は、世の中をもう一度命という観点から見直す必要があると思うんです。命にいい暮らし、命を大事にする生き方というのは基本中の基本ですからね。

鍵山　確かに命というのは、とても重要なテーマです。

上甲　世界的にも必ずそういう時代がくると思います。世界の人口は今後も爆発的に増えていくし、マーケットはどんどん拡大していくけれども、資源とエネルギーと食糧という三つのアキレス腱を抱えています。ですから、どこかで命が極めて危ない時代がくるということをまず予感しなければならないということ。そして一人ひとりの生き方も、命を守るためにどう生きるかということを原点にしたほうがいいし、命を大切にするという観点から自分の生活や働き方を考えるような若い人を一人でも増やしていきたい、というのが私の考えなんです。

これを踏まえて青年塾では、大豆を育てる実習を行っています。いくら農業が大事だと頭で分かっていても、一度も農業をしたことがなければ、いざという時にどうしたらいいか分かりません。そこで農業を学ぶ一環として、いま料理家の辰巳芳子さんが提唱される大豆栽培運動に一所懸命取り組んでいます。自分たちで大豆を植えて、育てて、最後は大豆を加工して食べるという一連の作業を、全部自分で体験してもらうんです。

こうした実習をしながら、命の国づくりというのを日本の大きなテーマに据えて、命を守るという観点から勉強しようと私は呼びかけています。日本くらい命を大事にする国はないと世界から言われることを目指すべきだと思うのです。

それは物理的な問題であると同時に、精神的な問題でもあります。

例えば老人でも、日本くらい老後に幸せな国はないと言われるようになるためには、老いた命を大事にするということです。すべてを金勘定で考えて、何をしたら儲かるかという観点では駄目で、どうすれば命を大事にできるかという観点に立った命の国づくりをすれば、日本も世界から尊敬されると思います。

命の国づくりには、摩擦がありません。軍事大国にも経済大国にも摩擦があるけれども、命大国には摩擦がない。ですから、命をキーワードとする国づくりに取り組んでいく。そういう自覚と実行力を備えた人を一人でも多く育てていくことこそが、これからの国づくりの原点ではないか。二十一世紀は、命の大国・日本を目指そうというのが私の思いなんです。

鍵山　日本人が自分の命を大切にするのと同時に、他者の命も大切にする国でありたいと思います。

第十五章

真理は平凡の中にある

本当に大事なことはそんな難しいところにはないのです。ですから、
難しいことをする前に、まず当たり前をしっかりやること。まさに
鍵山さんが説き続けてこられた「凡事徹底」ということです（上甲）。

豊かでありながら人を思いやる心を

鍵山　フランスの社会学者であるデュルケムは、「現代の人類は短期間のうちに富を急速に手に入れてしまった。急速に富を手に入れると今度は自由がほしくなる。そして富と自由を求めた結果、あらゆる規制が疎ましくなり、守れなくなってきた。このままいくと、社会は崩壊していく」と書いています。

これはまさに現代の日本のことを言っているように私には思えてなりません。確かにこの半世紀の間に日本人はかつてない富と自由を手に入れました。そうすると、あらゆる規制が邪魔になって、いっそなければよい、あっても守らないという風潮が蔓延して社会が乱れてきていると思うんです。

私たちにはもうこの豊かさを手放すことはできないでしょうから、豊かでありながら、なおかつ人を思いやる、あるいは未来を考える、日本の国を考えるというふうに、視野を外に向ける国民になってほしい。いまのように自分の富を自分のためだけに使うということであっては、この国は本当に崩壊すると思います。

もう一つ自覚してほしいことは、個人の欲望が膨らむと、自然に他人の欲望とぶつかり合うことになります。欲望が小さいうちはお互いに離れていますけれども、膨らんでいくとぶつかります。それがいまの日本ですよ。かつての日本は、欲望と欲望がぶつかり合わないような社会でしたから争いが少なかったのです。ぜひそういう穏やかな、少し控えめな、謙譲の精神に満ちた世の中にしたいというのが私の考えです。

孟子に四端《したん》という教えがあります。惻隠《そくいん》、羞悪《しゅうお》または廉恥《れんち》、辞譲《じじょう》、是非《ぜひ》。この四つが欠けると人間ではないと孟子は説いているのです。これに照らしていまの日本を見てみると、残念ながら人間ではない人が増えていると私には思えてなりません。他所の国はどうあっても、日本は人間らしく生きる国にしたいですね。

当たり前のことを徹底してやる

上甲　いまの日本には精神的に病んでいる人が非常に多い。特に若い人にとても多い。私はいろんな企業を訪れる機会が多いのですが、どんな組織に行っても必ずいるんです。これはいまの社会の歪みの表れであって、私は何とかして苦しんでいる若者を解放してあげたいという気持ちがもの凄くあります。

どうしたら精神的な病から抜けられるかというと、まず一次情報を大事にすることだと私は思います。学ぶ時も、一次情報に基づいて学ぶという基本姿勢で臨むことです。

いまの人は、すぐインターネットに向かいます。インターネットからは膨大な情報を入手できますが、それは全部他人が得ているものと同じ情報であって、そこに依存すると他人と同じようなことしか考えられなくなるし、また自分は世の中から遅れているんじゃないかという焦りも常に抱くことになります。

では一次情報というのは何かというと、インターネットに向かう前に現場に向かうことだと私は思います。まず現場に行って、現物をこの目で見て、この耳で聞いて、この手で触って、この体で感じる。それをもとに考えたことは、まさしく自分にしか持てないオリジナルの情報です。まずとにかく、どんな時にも現場に行こう、体験を通じて学ぼうということが基本です。

そして、体験を共有すると絆が結ばれるんですよ。いくら一緒に酒を飲んでも本当の絆は生まれません。私が体験して一番よかったのは、皆で富士山に登った時です。一緒に頂上に立った時の達成感は格別でした。そういう感動的な体験を共有した仲間とです。

鍵山　そのことを江戸時代の学者・三浦梅園《ばいえん》が「華のことを識《し》らんとすれば、すぐに華畑に趨れ」と諭していますね。

上甲　もう一つは、真理は平凡の中にあるということ、そのことに気づくことです。変わったもの、新しいもの、特別なものばかり求めていると、いつも自分が取り残されているのではないか、自分だけ知らないのではないかという焦燥感が生まれて、結果的にそれが精神を病んでいくことにも繋がっていくのです。

真理は平凡の中にあり。本当に大事なことはそんな難しいところにはないのです。ですから、難しいことをする前に、まず当たり前をしっかりやること。まさに鍵山さんが説き続けてこられた「凡事徹底」ということです。

さらにもう一つは、変わらざるものに目を向けろということです。変化に目を奪われるから精神的におかしくなってくる。そうではなく、変わらざるものに目を向けろ。変わらざるものは何かと言えば、それは人間の本質です。人間の本質は全く変わらない。その本質をしっかり見るという目があれば、だんだん自分の足が地に着いてくるんです。

特別なこと、難しいことはしないで、最先端も追わない。しかし人間として当たり前のことは徹底してやれるようにする。私はそういう教育をやっていこうと思っています。そういう中で生まれる共鳴、共感から、本物の絆が結ばれるのではないかと考えます。

凡事徹底こそが日本人の未来を開く

上甲　ですから私は、最先端とか最新とか特別なものばかり求めるのでなく、当たり前のことをどこよりも徹底してやる。そういう底力を養う教育をしたいと思っています。
真理は平凡の中にある。当たり前をしっかり励むことこそが、地に足の着いた、精神的にも安定する生き方であるということ。今後はこれをさらにしっかりと教育の実践に落とし込んでいこうと考えています。
鍵山　ニューヨークのウォール街には、精神病者がもの凄く多いと言います。お酒でも飲まなければとてもやっていられないというので、みんな昼間からビールジョッキを傾けているそうです。確かにあれは精神が病んでいる証拠ですよ。やはり上甲さんがおっしゃるように、最先端とか最新とか特別なものばかり追いかけていると精神がついていかない。いまはそのために人の精神が蝕まれている状況にあると思います。やはり精神と肉体が合致していなければ、人間は異常になると思いますね。

上甲　特に頭のほうばかりが先に行くとそうなりますね。

鍵山　どこかでこういう言葉を聞いたことがあります。頭を使う時には心を伴って使え。心を使う時には体を通して使え。そして体を使う時には頭を使えと。つまり頭と心と体がいつも一体化していないと人間は健全さを保てないことを言っているんですが、いまはバラバラですよね。

上甲　私は、いまの人の人生はサプリメント人生だとも言います。

サプリメントを否定するわけではありませんが、その前にまず大事なことは、当たり前の三食をきちんとバランスよく食べることです。そのことを疎かにして、何か体にいいものはないかと言ってサプリメントに頼っていると、あの人の飲んでいるもののほうがいいんじゃないか、というふうにいつも不安で仕方なくなってしまいます。

自分で自分のやっていることに自信が持てないから、常に目移りするんです。きちんと当たり前の食事をしっかり摂るという基本を疎かにしてサプリメントに走るのは本末転倒ですし、それによって精神的にも不安定になっていくわけです。

　こうした本末転倒で浮ついた生き方を続けている現代人は、いまこそ鍵山さんがご自身の生き方を通して説き続けてこられた「凡事徹底」という言葉を心に刻んでほしいと思います。日常の、自分の目の前の当たり前の凡事を徹底して努めていく。この「凡事徹底」こそは、日本人が取り戻すべき本来の美質であり、未来を開くキーワードだと私は思います。

鍵山　私も、この言葉を通じて一人でも多くの日本人が目覚めることを心から願っています。

道を究めようとする人は最後まで輝き続ける

上甲　最後に、少し個人的なことを申し添えておきますと、私は政経塾に在職中、鍵山さんの「凡事徹底」という言葉に触発されて、「デイリーメッセージ」というのを書き始めました。自分に徹底できる凡事は何か。鍵山さんほど掃除は徹底できなくても、文章を書くことならできるんじゃないかということで、日々自分が気づいたり、学んだりしたこと、自分の思いなどを毎日綴って塾生にパソコン通信で送っていたのです。

政経塾を離れる時、塾生からも、「志ネットワーク」の会員の方々からも、ぜひ続けてほしいという声をたくさんいただいて発信を続けました。一日生きていたら、一つぐらいは感動がある生き方をしたい、一つぐらいは学びのある生き方をしたい、そんな思いできょうまで一日も休まず綴ってきたわけですが、書き始めてから二十三年、間もなく九千日になります。

鍵山　あぁ、一日も欠かさずに九千日。これはまさしく偉業です。

上甲　このデイリーメッセージを続けてきて一つだけ分かったことがあります。「継続は力なり」という言葉があります。昔からよく子供に、「継続は力なりって言うけど、どんな力がつくの？」と聞かれたものですが、私はこの頃やっとまともに答えられるようになりました。継続は、変化に気づく力を与えてくれるんです。

デイリーメッセージの読者の方から、よくそんなに書くことがありますねと言われるんですが、毎日やっていると、人が聞き流していることにも注意深くなって、いいネタにいくらでも気づくことができるんです。私だけが特別なものを見ているから書けるわけではなくて、同じものを見ていても、他の人はメモも取っていないし、聞き流しているけれども、私はネタを探しているから確実にキャッチするわけです。

お掃除でも同じではないでしょうか。自宅の庭掃除を一日も欠かさず続けていると、庭に咲いている花の僅かな変化もすぐに気づくし、それに感動できるんですよ。たまにやるくらいでは、そういう気づきも感動も得られないと思います。

鍵山　それにしても、九千日というのは大変なことです。

上甲　これが私が唯一誇りを持って相続できる遺産といってもいいでしょうね（笑）。

私は鍵山さんをはじめ、これまでいろんな方々と関わってきてひとつ分かったことがあるんです。何かを究めようとして生きているか否かが、その人の老後のあり方に大きく関係しているということです。

地位を極めようとして生きている人は、退職して地位がなくなると急速に衰えます。財産を極めようとしている人は、ある程度の財ができるともう見る影もなくなる。ではどういう人が最後の瞬間まで輝いているかというと、やっぱり道を究めようとする人です。求道的《ぐどう》な生き方をしている人は、政治家でもやっぱり安心して見ておられますが、逆に地位を極めようとしている政治家を見ると、非常に危なっかしいんです。

ですから、人生は求道的に生きるべきだと私は思います。それは何も特別な生き方をする必要はない。自分の目の前の、当たり前の凡事を徹底して努めていく。まさしく鍵山さんに教えていただいた「凡事徹底」こそがよき人生を全うする鍵になると私は思います。

あとがき

鍵山秀三郎

上甲さんはいまからおよそ二十年前に松下電器産業を退社されました。もう半年いれば、もっとよい条件で退社できたそうですが、そうしたことに意も介さず退社されたと伺っています。その大きな決断と覚悟をもって創設されたのが「青年塾」でした。

私は常々その「青年塾」を通して若い人たちを指導したことに大変な意義があると考えていました。今回、改めて上甲さんの話を伺い、「青年塾」が単なる理屈ではなく、上甲さんの人生における大きな覚悟と決断が前提になって生まれたところが、大変素晴らしいと感じ入りました。

誰もが理想を語り、心ではそうしたいと願うものかもしれません。しかし、いざとなるとその覚悟も決断もなかなかできないものです。

今回、こういう機会で改めて上甲さんとご対談させていただきましたが、私は実に気持ちよくお話をすることができました。その根底には「私利を去る」

上甲さんの生き方があるからなのでしょう。

その上甲さんの生き方の素晴らしさが本書にはよく表れていると思います。

そして、もう一つ、本書から読み取っていただきたいことがあります。

世の中全体が、上に上にと志向する風潮がいまも続いています。もちろん、上を目指して努力するのは大事なことです。人間は向上心をなくしてしまうと、進歩が止まってしまいます。しかし、上を見るばかりに足下を疎かにしてはいけません。人生においても、あるいは企業においても、上り詰めたはいいが、気がつくと足下が崩れていたという例がたくさんあります。

こうした時代に、上甲さんは足下を大事にしていけば、自ずから上に伸びていくと話されています。

私もその意見に全く同感です。私は足下のささやかなことにこだわって生きてきました。「あいつ、何やってるんだ」と人から笑われたことも数え切れないほどあります。あれから二十年、三十年が経ったいま、同業者で私のことを笑った人はほとんど姿を消しています。

上を目指すことは大事ですが、その志を支える足下のささやかなことをそれ以上に大事にしていかないと、人も企業も絶対に永続しないということです。一個人にしても、企業にしても永続していく道を歩まなくてはいけません。それも、ただ単に永続するだけでなく、周りの人たちを幸せにしながら続いていく道でなければ意味がありません。

本書には、いかにすれば人を幸せにしながら永続する道を歩むことができるか、それが語られているのです。

上甲さんは七十歳代、私は八十歳を過ぎました。そうした二人が、日本はこのままではいけないという危機感を持って、熱く語り合いました。その結果生まれたのが本書です。これからの時代、日本人は、特に若い世代の人たちがどのように生きていったらいいかを考えるためのきっかけに本書がなればこの上もありません。

平成二十八年一月

〈著者略歴〉

上甲晃（じょうこう・あきら）

昭和16年大阪府生まれ。40年京都大学卒業と同時に松下電器産業（現・パナソニック）入社。広報、電子レンジ販売などを担当し、56年松下政経塾に出向。理事・塾頭、常務理事・副塾長を歴任。平成8年松下電器産業を退職、志ネットワーク社を設立。翌年、青年塾を創設。著書に『志のみ持参』『志を教える』（いずれも致知出版社）など。

鍵山秀三郎（かぎやま・ひでさぶろう）

昭和8年東京都生まれ。27年疎開先の岐阜県立東濃高校卒業。28年デトロイト商会入社。36年ローヤルを創業し社長に就任。平成9年社名をイエローハットに変更。10年同社相談役となり、22年退職。創業以来続けている掃除に多くの人が共鳴し、近年は掃除運動が内外に広がっている。日本を美しくする会相談役。著書に『凡事徹底』『平凡を極める生き方』『あとからくる君たちへ伝えたいこと』（いずれも致知出版社）などがある。

志を継ぐ

平成二十八年二月十日第一刷発行

著者　上甲　晃
　　　鍵山　秀三郎

発行者　藤尾　秀昭

発行所　致知出版社
〒150―0001東京都渋谷区神宮前四の二十四の九
TEL（〇三）三七九六―二一一一

印刷・製本　中央精版印刷

ISBN978-4-8009-1102-5 C0034

ホームページ　http://www.chichi.co.jp
Eメール　books@chichi.co.jp